I GIOV.
SIGNOl

PIERO CHIARA

I GIOVEDÌ DELLA
SIGNORA GIULIA

EDIZIONE SEMPLIFICATA AD USO
SCOLASTICO E AUTODIDATTICO

Questa edizione, il cui vocabolario è composto
con le parole italiane più usate, è stata abbre-
viata e semplificata per soddisfare le esigenze
degli studenti di un livello leggermente
avanzato.

Seguendo il metodo del VOCABOLARIO
DELLA LINGUA ITALIANA compilato da
NICOLA ZINGARELLI indichiamo l'accento
( ) sotto le parole non piane e sotto quelle piane
polisilla in cui la i costituisce sillaba a sé (es.:
polizia, bugia). Nelle forme forme verbali finite
l'accento è però riportato soltanto all'imperativo
in composizione con i pronomi.

I giovedi della signora Guilia
Design della copertina: Mette Plesner
Fotografia: MoreISO/iStock

A cura di: Solveig Odland
Consulente: Ettore Lolli
Illustrazioni: Vif Dissing

The CEFR levels stated on the back of the book
are approximate levels.

Easy Readers

EGMONT

Stampato in Danimarca

PIERO CHIARA

nato a Luino nel 1913. Abita a Varese. Dopo una breve carriera nell'Amministrazione della Giustizia fu condannato dal Tribunale speciale fascista nel 1943. Si rifugiò in Svizzera, dove insegnò nel Liceo italiano di Zug. Nel dopoguerra si dedicò alla letteratura, curando varie opere antiche e moderne e collaborando a riviste e giornali. Finì poi col dedicarsi interamente alla narrativa, alternando il lavoro di scrittore alla tranquillità della vita provinciale, la più redditizia ai fini del romanzo quale egli lo concepisce, nel filone del realismo italiano.

Fra le sue opere: «Incantavi» (1945), «Itinerario Svizzero» (1950), «Dolore del tempo» (1960), «Il piatto piange» (1962), «La spartizione» (1964), «Con la faccia per terra» (1965), «Il balordo» (1967), «I giovedì della signora Giulia» (1970), «Il pretore di Cuvio» (1973), «La stanza del Vescovo» (1976). Ultimamente ha pubblicato: «Le corna del diavolo» e «Il cappotto di astrakan» (1977).

1

Il dottor Corrado Sciancalepre, nato in Sicilia, era da dieci anni *commissario* di Pubblica Sicurezza nella cittadina di M. nell'alta Lombardia, e qui erano nati i suoi figli. Aveva raccolto molti successi, ed era circondato di rispetto. Oltre al suo lavoro alla polizia, il dottor Sciancalepre aveva sempre svolto un'attività di gran valore nel mettere d'accordo mogli e mariti e nel rimettere sulla buona strada molti figli di famiglia. Insomma, era amato da tutti, e non si teneva festa in casa di una famiglia importante nel paese, dove non fosse invitato insieme alla sua signora.

Quando arrivò nel suo ufficio, quel pomeriggio, vi trovò *l'avvocato* Esengrini che lo aspettava da mezz'ora. Ne rimase molto sorpreso. Quella mattina lo aveva incontrato in *pretura*. L'avvocato Esengrini, noto in tutta la provincia e fuori, rispettato e temuto, aveva figurato più volte in processi di grande importanza e se ne stava in provincia solo per amore della vita tranquilla. La sua autorità si fermava soltanto davanti alla moglie, di vent'anni più giovane di lui, che lo trattava come un vecchio zio.

Era la prima volta che l'avvocato metteva piede nel suo ufficio. Il dottor Sciancalepre si pose subito alla *scrivania*, comprendendo che doveva trattarsi di qualche cosa di importante e di personale, e si dispose ad ascoltare attentamente.

---

commissario, ufficiale di polizia
avvocato, chi ha finito gli studi di legge può fare l'avvocato
pretura, ufficio dove vengono giudicate le cause civili o di poca importanza
scrivania, tavolo al quale si scrive

L'avvocato Esengrini diede un'occhiata alla porta per assicurarsi che fosse chiusa, poi gli si avvicinò col viso, e con un'espressione molto preoccupata, che il dottor Sciancalepre non avrebbe mai creduto possibile in quell'uomo, incominciò:

«Dottore, sono davanti a un fatto grave, gravissimo, che può rovinare tutta la mia vita.»

Parole grosse, pensò il commissario, e nuove, per un uomo freddo come l'avvocato Esengrini che normalmente non apre il proprio animo a nessuno.

Dopo un po' l'avvocato continuò, a bassa voce, avvicinando il viso al piano del tavolo:

«Mia moglie, dottore! Mia moglie è fuggita di casa.»

Guardò il commissario come per chiedergli conto di quella *fuga*.

«Sua moglie! Ma come è possibile! La signora Giulia! E perché doveva fuggire, con un marito come lei, con una figlia, con una casa come la sua? Ma che cosa mi va raccontando, avvocato! Scusi, scusi tanto, ma proprio non ci credo.»

«Fuggita. Scomparsa» riprese l'avvocato con una voce *tragica*. «Venga a vedere, venga!»

Il commissario lo seguì. Arrivarono al vecchio palazzo Zaccagni-Lamberti in via Lamberti, abitato ora dagli Esengrini, e andarono direttamente nella camera da letto della signora Giulia, vicina a quella del marito. Tutto era in *disordine*, vestiti gettati qua e là, e sul letto una grossa valigia quasi vuota, forse abbandonata per un'altra più piccola.

---

fuga, l'atto del fuggire
tragico, molto triste
disordine, mancanza di ordine

«Appena tornato dal processo di questa mattina» cominciò l'avvocato, «andai nello studio per dare alcuni ordini; poi, essendo mezzogiorno, venni subito in casa perché oggi è giovedì, il giorno in cui mia moglie, come lei sa, va a Milano col treno delle due per far visita a nostra figlia che abbiamo in *collegio*. Il giovedì in casa mia si mangia presto ormai da un anno, perché mia moglie deve arrivare in tempo al treno. Da quando la nostra Emilia è nel collegio, dove da ragazza è stata anche mia moglie, è incominciata, ogni giovedì, questa visita a Milano che a me è sempre piaciuta poco, ma che non ho mai osato proibire. Mia moglie parte alle 14 e torna alle 19,30. Fa visita alla figlia e dà un'occhiata ai negozi. Questa mattina, appena me ne sono andato in pretura, mia moglie ha fatto le valigie. Due valigie: una grande e una piccolina. Dal *portone* verso strada non è uscita, perché Demetrio, il mio *giardiniere,* che quando non sono nello studio in certo modo mi sostituisce, l'avrebbe vista passare. Con quelle valigie non poteva andarsene a piedi. Avrebbe dovuto far venire un taxi. Demetrio che solitamente sta nell'*anticamera,* l'avrebbe notata dalla porta a vetri. Credo quindi che mia moglie sia uscita in cortile con le valigie e abbia sceso la scala che porta nel *parco,* dove qualcuno l'aspettava. Ha attraversato il parco, è uscita dal *cancello* verso la campagna ed è salita su una macchina. Mi sono informato che col treno non è partita. La fuga dev'essere stata

---

collegio, scuola dove abitano gli allievi
portone, porta principale nei palazzi
giardiniere, chi per mestiere cura un giardino
anticamera, la prima stanza di un ufficio o di un appartamento
parco, grande giardino
cancello, vedi illustrazione pag. 10

serratura

cancello

preparata prima, perché questa notte dalla mia camera l'ho sentita muoversi. Era *agitata*. E l'ho notato anche questa mattina prima di andare in ufficio. Ma ormai da qualche mese il giovedì è una giornata speciale. Mia moglie deve partire, ha da ricordare tante cose . . .»

Il commissario si guardava intorno, e quando l'avvocato ebbe finito, gli domandò all'improvviso:

«Che altro?»

Andarono nel *salotto*. L'avvocato lo fece sedere e con voce più bassa aggiunse, senza guardarlo in viso:

«Dottore, lei è del Sud e certe cose le può capire meglio di me. Non posso dire di essere in quella certa condizione, ma certo ci sto vicino. Fra me e mia moglie

---

agitato, non tranquillo
salotto, sala in cui si ricevono gli ospiti

vent'anni di differenza ci hanno separati in questi ultimi tempi. Ha notato che abbiamo ognuno la nostra camera? Ho sessant'anni dottore, e sono un uomo come tutti gli altri che hanno sessant'anni; mia moglie ne ha, per essere precisi, trentotto . . .»

«E allora?» chiese Sciancalepre.

«Allora quattro mesi fa l'ho fatta *pedinare,* a Milano, al giovedì. Un mio amico della polizia mi ha fatto questo piacere. E ho saputo qualche cosa. Poco, in verità. Per ben due giovedì di seguito la visita di mia moglie alla figlia è durata solo mezz'ora, poi è andata a sedersi in un piccolo caffè di corso Monforte dove era ad aspettarla, sa chi? L'*ingegner* Fumagalli. Quel giovane ingegnere che un anno fa venne qui per i lavori del *porto* e che era entrato nel nostro ambiente. Ricorda? L'ha avuto anche lei in casa sua. Piaceva alle nostre signore. La signora del *pretore* gli voleva far sposare la figlia. E la figlia del dottor Binacchi, la maggiore, pareva l'avesse interessato coi suoi soldi.»

«Ricordo, ricordo» diceva Sciancalepre ad occhi chiusi, facendo di sì colla testa mentre andava *ricercando* nella memoria il giovane.

«Sicuro! Proprio l'ingegner Fumagalli. Prendevano il caffè, parlavano. Una volta lui le prese anche la mano.»

«E poi?» chiese il commissario.

«Poi niente. La seconda volta che l'ha pedinata, dopo il caffè si lasciarono e mia moglie prese un taxi. Il

---

pedinare, seguire qlcu. passo passo per osservarne le azioni
ingegnere, chi p.es. costruisce strade e ponti ecc. o dirige lavori industriali
porto, vedi illustrazione pag. 37
pretore, chi ha l'autorità di giudicare da solo le cause civili
ricercare, cercare con cura una persona o una cosa perduta o nascosta

mio amico ne prese un altro e la seguì. In viale Premuda il taxi di mia moglie si fermò. Anche quello del mio amico si fermò, ma proprio in quel momento uscì di corsa un *ladro* da un piccolo negozio. Il mio amico dovette seguire lui e perse di vista mia moglie. Tutto qui. Non ho più voluto continuare le *indagini*. Intendevo aspettare l'estate quando doveva ritornare mia figlia per togliere a mia moglie la possibilità di andare a Milano ogni settimana.»

«Avvocato» disse il commissario, «da questo momento incomincio le indagini per trovarla. Ma ho bisogno di una *querela*.»

«Già, la querela . . . per aver lasciato la casa. Gliela mando prima di sera.»

«Domani» disse il commissario «vado a Milano a cercare l'ingegner Fumagalli. Vedremo che cosa ha da dirmi.»

Si alzarono in piedi. Il dottor Sciancalepre volle essere accompagnato nel parco, fino al cancello attraverso il quale doveva esser passata la signora Giulia nella prima parte della sua fuga. Guardava ora la casa e il giardino, che già conosceva, con altri occhi. La parte del vecchio palazzo Zaccagni-Lamberti che dava sulla via Lamberti, conteneva lo studio e l'anticamera e alcune altre stanze usate dall'avvocato per il suo lavoro. La famiglia abitava in un'*ala*, a due piani, avanzata per una ventina di metri verso il parco. In un'altra ala di

---

ladro, chi ruba

indagine, il ricercare tutte le notizie utili a scoprire la verità su una persona, una cosa o un fatto

querela, atto con cui si chiede l'inizio di un processo contro una persona da cui si è stati offesi

ala, vedi illustrazione pag. 43

fronte a questa abitavano, fino a dieci anni prima, i genitori della signora Giulia. Alla loro morte quella parte era stata chiusa e sarebbe stata aperta forse quando l'unica figlia degli Esengrini si sarebbe sposata. Tra le due ali c'era il cortile dal quale si poteva scendere nel parco da una grande scala. Il parco, lungo circa duecento metri, era circondato ai lati da alti muri, che lo dividevano dai parchi della casa Ravizza e della casa Sormani.

Nell'andar via, passando attraverso lo studio, il commissario invitò con sé il giardiniere Demetrio. Arrivati nel suo ufficio lo *interrogò* brevemente. Seppe che quella mattina la signora Giulia non era uscita né dallo studio né dal portone in via Lamberti. Seppe anche che la moglie del giardiniere, andata quella mattina come al solito in casa Esengrini per aiutare nelle faccende della casa, era stata mandata via quasi subito col motivo che non c'era bisogno del suo aiuto quella mattina e che sarebbe potuta ritornare più tardi. Dopo le undici la signora Giulia era quindi uscita dal cancello in fondo al parco, la cui chiave si trovava solitamente in una vecchia *rimessa*. La chiave era stata lasciata nella *serratura* verso l'interno. Il tempo era secco da qualche settimana e il commissario credette inutile andare a cercare le *tracce* dell'automobile sulla strada *campestre*, anche perché era una strada dove passavano almeno dieci macchine al giorno.

---

interrogare, rivolgere delle domande a qlcu.
rimessa, vedi illustrazione pag. 14
serratura, vedi illustrazione pag. 10
traccia, segno lasciato
campestre, di campo

Domande

1. Chi è la signora Giulia?

2. Come sono i rapporti fra lei e il marito?

3. Quali motivi ha la signora Giulia per andare a Milano ogni giovedì?

4. Che cosa racconta l'avvocato Esengrini al commissario Sciancalepre?

rimessa

2

La mattina dopo il dottor Sciancalepre prese il treno per Milano. Arrivato a Milano trovò l'ingegner Fumagalli nel suo ufficio, in un palazzo del centro.

L'ingegnere riconobbe subito il commissario e lo ricevette gentilmente. Ricordava le sere passate l'anno prima fra le belle signore di provincia. Il commissario comprese subito che il Fumagalli non sapeva niente della *scomparsa* della signora Giulia, ma tuttavia lo interrogò a fondo. Il giovane ingegnere ammise subito di avere incontrato alcune volte la signora a Milano. L'aveva incontrata una prima volta alla stazione circa un anno avanti, l'aveva invitata a prendere un caffè, e da allora, per parecchi giovedì si erano dato *appuntamento* in un piccolo caffè di corso Monforte.

«Mi piaceva la signora Giulia» ammise l'ingegner Fumagalli. «Glielo confesso signor commissario, ero quasi innamorato di lei, benché avesse dieci anni più di me. Ma la signora Giulia mi trattava come un ragazzo. Però si apriva con me, mi diceva che la sua vita era triste, che non amava il marito, che il marito non si occupava di lei. Quando le dichiaravo il mio amore, mi sorrideva tristemente. Finalmente mi raccontò di essere innamorata di un altro uomo, che però non la amava più. Un tale, che veniva a trovare a Milano tutte le settimane, ma che poco si curava di lei, dopo i primi giorni felici. Quando mi resi conto dei suoi sentimenti, capii che non c'era niente da fare. Non ci vedevamo

---

scomparsa, lo scomparire
appuntamento, accordo di ritrovarsi in un luogo ad un'ora determinata

più tanto spesso e un giorno non abbiamo fissato un altro incontro. Da allora non l'ho più rivista.»

«Lo sa» disse il commissario «che la signora Giulia è fuggita di casa? Che ha abbandonato il marito?»

«Non mi sorprende» rispose il Fumagalli.

«Solo lei non si sorprende, perché a M. nessuno ci crede. Ed io stesso trovo molto difficile credere a ciò che lei mi ha detto. Conosco la signora Giulia da dieci anni. Capisco che il marito non è l'uomo adatto a rendere felice una donna così bella, così piena di vita. Ma l'amore per la figlia, la fede, l'*educazione* soprattutto, mi proibiscono di credere a questo *amante* di cui lei mi parla.»

«Eppure» insistette l'ingegnere «l'aveva proprio. Quando arrivavano le quattro mi lasciava nel caffè e scappava via. Non voleva che l'accompagnassi neppure al taxi. Una volta la vidi partire con un taxi e andai a domandare all'*autista* di una macchina vicina se avesse sentito dove andava. 'Mi pare viale Premuda' rispose. È quello che so, se può esserle utile.»

Il dottor Sciancalepre se ne tornò a M. Non era contento. La faccenda era più difficile di quel che sembrava a prima vista.

L'avvocato Esengrini era in ufficio ad attenderlo.

«Purtroppo caro avvocato» gli disse Sciancalepre, «non ho saputo nulla di più di quello che lei già sapeva. Gli incontri con l'ingegner Fumagalli non significavano niente. Resta soltanto qualche punto da *chiarire*.»

---

educazione, modo accettato di comportarsi; buone maniere
amante, persona con cui si ha un rapporto d'amore al di fuori del matrimonio
autista, colui che guida la macchina
chiarire, render chiaro

Erano passati due giorni dalla scomparsa della signora Giulia e la notizia si sapeva in tutto il paese. Le amiche cominciavano a parlare male di lei. Si erano offese perché la signora Giulia non si era aperta con loro.

Il dottor Sciancalepre si era messo ad aspettare con pazienza qualche segno. Le mogli che fuggono, quando prendono terra nella nuova situazione che hanno scelto, qualche segno lo danno sempre, a una persona di fiducia, per stabilire un rapporto attraverso il quale seguire il destino dei figli, e anche avere notizie dell'ambiente dove hanno vissuto.

Il segno che Sciancalepre aspettava gli venne nella maniera più sorprendente. La mattina del lunedì dopo la fuga si presentò nel suo ufficio la moglie del giardiniere Demetrio, certa Teresa Foletti, quarantottenne, che abitava col marito in una piccola casa di fronte al palazzo Zaccagni-Lamberti.

«Dottore, da tre giorni, cioè dal giorno in cui è partita così improvvisamente la mia signora, non dormo più. Possiedo un *segreto* che forse conterà poco, ma la mia coscienza mi dice che è venuto il momento di renderlo noto. È una cosa che neppure mio marito sa. La signora Giulia da quasi un anno mi aveva chiesto un favore. Ricevevo delle lettere da Milano nelle quali c'era una *busta* col suo solo nome: 'Giulia'. Quando arrivavano l'avvertivo e lei veniva a leggerle a casa mia, di fretta, poi le bruciava.»

«Com'era scritto l'*indirizzo*?»

«A mano, e dalla stessa signora Giulia.»

«Come sarebbe a dire?» chiese il commissario.

---

segreto, fatto che non dev'essere saputo
busta, indirizzo, vedi illustrazione pag. 25

«Mi spiego» riprese la donna. «La signora Giulia mi aveva detto che quelle lettere gliele mandava sua figlia, la signorina Emilia, dal collegio.»

«Ma se la vedeva tutti i giovedì!»

«Eppure almeno due volte al mese la signorina Emilia le scriveva una lettera. La signora Giulia diceva che la figlia le raccontava i suoi piccoli segreti in quelle lettere. Di nascosto si apriva con la madre senza che nessuno lo sapesse. Cosa vuole che le dica? La signora mi aveva spiegato che ogni tanto lasciava alla figlia alcune buste col mio indirizzo scritto da lei e altre buste più piccole dov'era scritto soltanto 'Giulia', sempre di mano della signora. E le assicuro che la *calligrafia* era proprio la sua. È un segreto che ho sempre mantenuto. E se mi sono decisa a parlare è perché la scomparsa della signora mi ha preoccupato molto. Non vorrei che le fosse capitato qualche cosa di male. Si leggono tante brutte cose sui giornali . . .»

Il dottor Sciancalepre aveva finalmente segnato un punto a favore. I segni incominciavano ad arrivare.

Due giorni dopo, la moglie del giardiniere tornò nel suo ufficio, sempre di mattina, mentre il marito era occupato nello studio dell'avvocato dove lavorava un po' rendendo vari servizi, un po' come uomo di fiducia.

La donna, appena entrata nello studio del commissario, gli mise una lettera sul tavolo senza parlare. Il dottor Sciancalepre la prese, lesse l'indirizzo e guardò la donna.

«Come! Un'altra lettera?»

La guardò girandola da tutte le parti, lesse: 'Roma

---

calligrafia, modo di scrivere

22 maggio 1955' e l'aprì. Dentro apparve («come al solito», osservò la moglie del giardiniere) la busta con scritto 'Giulia'.

«È sempre la stessa calligrafia?» chiese il commissario.

«Sì» rispose la Foletti. «Soltanto che le altre venivano da Milano mentre questa pare venga da Roma.»

Il commissario volle studiare la lettera solo, ma prima di mandar via la donna le disse molto serio:

«Mi raccomando, non faccia parola di queste cose a nessuno al mondo. Intesi? Neppure a suo marito. Anzi, in special modo, stia zitta con suo marito. Sarebbe come impedire le mie indagini. E allora, guai! Guai a lei! Perché qui c'è sotto qualcosa.»

Partita la donna il dottor Sciancalepre si mise comodo, ringraziò Santa Rosalia, e preso da quel sentimento di piacere che dava solo il suo mestiere, aprì la busta.

Gli apparve un foglio di carta con la calligrafia d'uomo, del tutto diversa da quella che aveva scritto gli indirizzi. Guardò il foglio davanti e dietro, poi agitato, cominciò a leggerlo:

'Cara Giulia, giovedì ti ho aspettato fino alle cinque e mezzo. Mi dispiace che tu non sia venuta, perché volevo almeno salutarti prima di partire. Ma forse è meglio che non ci siamo incontrati. Si sarebbe sofferto di più.

Mi è dispiaciuto molto lasciare quel piccolo *appartamento* dove abbiamo passato tante ore felici. Ormai la distanza che ci separa rende impossibili i nostri incontri. Se mi capiterà di venire a Milano, non mancherò di scriverti. Ci potremo incontrare in qualche albergo.

---

appartamento, insieme di stanze abitato da una persona o da una famiglia

Ho ancora tre buste da te scritte e me ne servirò nel caso mi capitasse di andare a Milano di giovedì. Il mio lavoro mi costringe a viaggiare molto, ma se troverò un appartamento qui, cosa non facile a Roma, ti darò l'indirizzo.

Con l'*affetto* di sempre, tuo

Luciano.'

Il dottor Sciancalepre, sapendo che un'indagine non si sa mai dove andrà a finire, aveva già cominciato col tacere all'avvocato Esengrini la seconda parte della storia che aveva rivelato l'ingegner Fumagalli e che riguardava l'amante della signora Giulia. Continuò tenendolo al buio sulla storia delle lettere.

Anzi, andò a casa della Foletti, di fronte al palazzo Zaccagni-Lamberti, mentre Demetrio era nello studio dell'avvocato e si affacciò un momento per raccomandarle un'altra volta di non aprire bocca con nessuno sulle lettere.

Era inteso che, se ne fossero arrivate altre, avrebbe dovuto portargliele immediatamente.

Poi consigliò all'avvocato di far tornare la figlia dal collegio.

Quando la signorina Emilia fu al paese, l'andò a trovare in casa e parlando del più e del meno le chiese se avesse mai scritto lettere alla madre da Milano. La signorina ne aveva scritta qualcuna. Ma fu facile capire che si trattava di lettere normali, mandate in famiglia.

Poi il commissario andò a Milano e coll'aiuto di due

---

affetto, amore

poliziotti fece passare una dopo l'altra tutte le *portinerie* di viale Premuda. Dopo due giornate di lavoro trovarono che da viale Premuda negli ultimi quindici giorni erano partite tre persone. Una di queste era un tal Luciano Barsanti, *rappresentante*. La *portinaia* raccontò che il signor Luciano Barsanti era un giovane sui trent'anni, alto, e qui era il punto, non privo di amicizie *femminili*. La portinaia, di valore come sempre alle indagini della polizia, ebbe la forza di ricordare che fra le visite femminili del signor Luciano ce ne era una del giovedì. Si trattava di una bella signora non più molto giovane, che arrivava in taxi verso le quattro del pomeriggio e *ri*partiva un po' prima delle sei. Doveva essere una signora di una certa posizione nella società, perché passava davanti alla portineria cercando di evitare lo sguardo della portinaia, distinguendosi così dalle solite amiche del signor Luciano che non si preoccupavano affatto della presenza della portinaia.

Il dottor Sciancalepre capì che doveva trattarsi della signora Giulia. Si fece quindi accompagnare nelle due stanze ancora vuote che il rappresentante aveva abitato. Non si decideva ad andar via. Vedeva muoversi la signora Giulia in quell'ambiente, la immaginava in ogni gesto. La signora Giulia! L'amica di sua moglie, la madre della signorina Emilia, conosciuta per la sua carità e la sua attenzione particolare per le opere di bene! La

---

poliziotto, uno che lavora nella polizia
portineria, luogo dove sta il portinaio o la portinaia; vedi *portinaia*
rappresentante, uomo che viaggia per presentare e vendere prodotti
portinaia, donna che fa la guardia ai portoni dei palazzi
femminile, di donna
ri-, di nuovo

ricordava nelle sere in famiglia, con quel viso triste e dolce che l'avvocato Esengrini non guardava mai, ma che tutti *ammiravano*. In quelle stanze! E il Luciano Barsanti? Forse uno di quei giovani di oggi, di facili avventure che si era impegnato in un amore difficile con una signora di dieci anni più vecchia di lui, lasciandosi forse comprare con qualche regalo, qualche biglietto da diecimila . . . Chissà? E la signora Giulia *in cerca di* un amore sognato nei giovani anni, a cui aveva rinunciato in un matrimonio in provincia.

Che cosa non si fa per trattenere l'amore che fugge? Che vita! Fosse toccata a lui una fortuna simile . . . Ma non osava neppure pensarlo.

Dalla portinaia non poté avere altre notizie di Luciano Barsanti, nemmeno il suo nuovo indirizzo. Andò allora direttamente in Comune, all'*ufficio anagrafe*. Niente. Luciano Barsanti era uno di quelli che mantengono l'indirizzo del paese o della città dove sono nati e che vanno da un luogo all'altro senza lasciar traccia di sé. Eppure lo vedeva, questo Barsanti; e sentiva che un giorno o l'altro gli avrebbe posato una mano sulla spalla: «Giovanotto, venga con me: polizia».

---

ammirare, guardare con ammirazione, cioè con quel sentimento che si prova davanti a una cosa bella e straordinaria
in cerca di, che cerca; cercando
ufficio anagrafe, ufficio dove si trovano i nomi ed indirizzi di tutti coloro che abitano in un comune

Domande

1. Che cosa viene a sapere il dottor Sciancalepre dall'ingegner Fumagalli?

2. Quale segreto gli rivela la moglie del giardiniere?

3. Secondo la lettera di Luciano come si è svolto il rapporto tra lui e la signora Giulia?

4. Come si svolgono le indagini durante la seconda visita a Milano?

5. Che tipo d'uomo è Luciano?

Tornato a M. il commissario si mise a scrivere in un *promemoria* ciò che aveva saputo a Milano. Un altro punto s'era aggiunto che l'avrebbe condotto attraverso l'Italia, in direzione di Roma in cerca della povera signora Giulia. Quando parlava con se stesso la chiamava così: la povera signora Giulia. «Povera signora Giulia! Cosa le è venuto in mente? Come ha fatto? Ah, le donne, le donne!»

Non diceva «povera signora Giulia» all'avvocato Esengrini, che andava a trovare ogni due o tre giorni, verso sera, nel suo studio. Gli raccontava soltanto come andavano le *ricerche* ormai fatte in tutta Italia anche con le fotografie della signora. Il dottor Sciancalepre ne teneva sempre una chiusa nel suo *cassetto*.

Ogni giorno, aprendo il cassetto, gli apparivano quegli occhi tristi. Sembravano dire: «Insisti, cercami e mi troverai.»

Il commissario, più pensava alla fuga della signora Giulia e ai vari fatti che aveva raccolto con l'indagine, meno riusciva a comprendere la faccenda. Fuga con chi? Non con l'ingegner Fumagalli. Non con il Luciano Barsanti, almeno stando alla lettera. Benché potesse darsi benissimo che quella lettera fosse stata scritta d'accordo tra il Barsanti e la signora Giulia, convinta che la moglie del giardiniere l'avrebbe data all'avvocato. In tal modo era come se la signora Giulia volesse dire al marito: «Me ne sono andata, sono con un uomo, non

---

promemoria, quello che si scrive per ricordare qlco. a sé o a altri
ricerca, l'atto del ricercare; indagine

busta

indirizzo

cassetto

ti conviene cercarmi. Ottieni la *separazione* per colpa mia, fai quello che vuoi, dimenticati di me che mi sono dimenticata di te».

Eppure non poteva essere così. E la figlia? Possibile che non si interessasse più della figlia? Perché non mandava qualche lettera? Perché non scriveva a qualche amica spiegandosi? Richiudeva il cassetto, dava un giro alla chiave e si alzava agitato.

Molte volte era tornato dall'avvocato Esengrini, aveva rivisitato la casa e il parco da capo a fondo, guardato nella *serra* e nella rimessa abbandonata. Nulla che potesse dargli un'idea.

Era venuto intanto il mese di luglio ed erano ormai

---

separazione, atto con cui marito e moglie si separano davanti alla legge
serra, piccola casa di vetro dove si mettono le piante e i fiori che non sopportano il freddo

passati cinquanta giorni dalla scomparsa della signora Giulia, quando una mattina ricevette un *telegramma* dal *capoluogo*. Lo aprì e lesse:

'*Questura* Roma annuncia proposito ricerche Esengrini Giulia e Barsanti Luciano due punti Barsanti Luciano ha richiesto ieri *passaporto* estero dichiarando abitare Roma via Agamer 15 punto attendonsi ordini punto ecc. ecc.'

«Finalmente!» gridò il commissario. Telefonò alla questura e a Roma preparando il colpo; e la mattina dopo era in viaggio per la capitale: «Vado a prendere la signora Giulia» diceva a se stesso, «vado a prenderla e a portarla a casa, se tutto va bene.»

Prima di partire aveva chiamato l'avvocato Esengrini.

«Avvocato» gli aveva detto, «siamo a buon punto. Ho motivo di credere che sua moglie sia a Roma. Purtroppo in compagnia di un uomo, di un giovane. Non le posso dire altro.»

L'avvocato aveva cercato di sapere di più, ma non era riuscito a far parlare Sciancalepre. Inutilmente l'avvocato gli aveva preso una mano dicendogli:

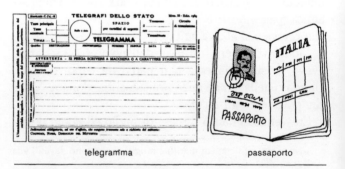

telegramma   passaporto

capoluogo, città principale
questura, direzione del servizio di polizia nelle grandi città

«Dottore, ci conosciamo da dieci anni. Lei sa chi sono io. Mi dica!» Il commissario conosceva il suo mestiere. Ma dovette almeno dirgli il nome: Luciano Barsanti. L'avvocato rimase *indifferente*. Quel nome lo sentiva per la prima volta.

«È l'uomo che dovrebbe essere in compagnia di sua moglie» disse il commissario. «E se vuole che gli possa mettere sopra le mani, lei mi deve presentare una querela. Una querela, questa volta, per *adulterio*. Senza la querela non posso fare la sorpresa in casa. Lei lo sa meglio di me.»

L'avvocato si decise subito. Voleva andare in fondo alla faccenda, arrivare alla separazione personale per colpa di lei. Era la strada necessaria. E anche l'unica possibile. Di dimenticare quello che era successo, di ammettere di nuovo in casa la moglie, non ci pensava neppure, come notò lo Sciancalepre.

Con la querela in borsa il commissario viaggiava verso Roma. Cominciava a chiedersi cosa avrebbe fatto, lui Sciancalepre, in una situazione simile. «Le sparavo *sul fatto*» si disse, «al momento buono. Nessuno mi poteva levare la *causa d'onore*, e con qualche anno me la cavavo.» Ma rifiutò di credere che l'avvocato potesse uccidere la moglie. Non era un uomo *passionale* Esengrini. Uccidere la moglie e farne scomparire il *cadavere* non era cosa da avvocato. Un medico lo poteva fare,

---

indifferente, che non dimostra interesse o sentimenti
adulterio, qui atto che commette la moglie avendo un amante
sul fatto, mentre avviene il fatto
causa d'onore, il diritto di difendere il proprio onore
passionale, che sente fortemente le passioni
cadavere, corpo morto

ma non un uomo che era sempre vissuto tra i libri di legge.

Arrivato a Roma andò in questura ad assicurarsi l'aiuto di un paio d'*agenti,* poi fece una visita alla zona di via Agamer. Il numero 15 era una casa a cinque piani, senza portineria, a metà della via che scendeva dolcemente verso la campagna, lontana dal centro della città. Non sembrava neppure di essere a Roma. Dov'era il Colosseo? Il Palazzo Laterano? Il Foro? Sciancalepre aveva l'impressione di trovarsi in una città senza nome e senza storia. Studiò il piano per la notte, dopo aver fatto una corsa per le scale ed essersi *accertato* che l'appartamentino del Barsanti era al terzo piano a destra.

Alle sette era già *appostato,* con una vecchia millecinque della questura di Roma, al lato opposto del n. 15 insieme con l'agente Rotundo e l'agente Muscariello. Fumavano e, per far passare il tempo, il commissario si faceva raccontare dal Muscariello un po' di vita romana.

Ogni tanto qualcuno entrava al n. 15 e qualcuno usciva. Era gente comune, di nessun interesse. Quando, verso le nove, venne buio, Sciancalepre mise la macchina davanti al portone della casa per essere in grado di riconoscere chi entrava.

Erano ormai le dieci quando un uomo e una donna, arrivando alle spalle della macchina entrarono nel portone del n. 15. Sciancalepre ebbe appena il tempo di vedere le spalle di un giovane e di una donna che poteva essere la signora Giulia. Sentiva battere il cuore, poi, quando fu di nuovo tranquillo, uscì dalla macchina e

---

agente, qui agente di Pubblica Sicurezza
accertarsi, rendersi certo
appostarsi, nascondersi per osservare i movimenti di qlcu.

andò al lato opposto della via come se cercasse il posto adatto a un piccolo bisogno. Intanto con la testa girata a metà guardava le finestre del terzo piano.

Vide accendersi la luce. Bisognava solo lasciar passare un quarto d'ora. E infatti dieci minuti dopo ecco accendersi, in una delle stanze del terzo piano, una luce rosa. Sciancalepre andò verso la macchina. Lasciò il Rotundo al portone e con l'agente Muscariello salì al terzo piano. Suonò. Dopo alcuni eterni minuti una voce d'uomo domandò:

«Chi è?»

«Polizia» rispose il commissario con la bocca vicina alla porta. «Polizia, apra subito!»

La porta si aprì e videro un giovane sui venticinque anni, dall'aspetto preoccupato.

«Ci faccia passare!» disse Sciancalepre spingendo avanti il giovane. Dietro di lui veniva Muscariello. Si misero in mezzo il giovanotto, e Sciancalepre gli disse a mezza voce:

«Barsanti Luciano, lei *è in arresto*. Mi accompagni nella camera da letto.»

A testa bassa il Barsanti andò verso una camera interna.

Stavano avvicinandosi alla porta quando dalla camera uscì a testa alta una donna. Sciancalepre la fissò, arrestandosi di colpo. Non finiva di guardarla, quasi avesse voluto saltare in quello sguardo il tempo che era passato dalla scomparsa della signora Giulia e rendersi conto di quanto ne fosse cambiato l'aspetto. Ma niente poteva spiegare che fosse tanto cambiato. Sciancalepre non voleva ammetterlo neppure a se stesso, ma quella

---

essere in arresto, essere arrestato (dalla polizia)

donna non era, e non era mai stata, la signora Esengrini.

Passò con lo sguardo al Barsanti e gli domandò:

«Chi è questa signora?»

Rispose la signora: «Sono la moglie dell'*onorevole* Fasullo. Cosa si vuole da me?»

Sciancalepre aveva in mano la querela, ma si rendeva conto che davanti a quella situazione la querela non era che un pezzo di carta, benché vi fosse indicato il Barsanti.

Il commissario si sentiva in un guaio. Non sapeva come cavarsela. La signora, che aveva capito la situazione, disse:

«Ma dove siamo? Non si può far visita a una persona in Italia senza renderne conto alla polizia?»

«Perdoni signora» disse il commissario. «Ho sbagliato. Ma solo in parte, perché il signor Barsanti mi dovrà seguire in questura. Quanto a lei, signora, non posso che presentarle le mie scuse. Lei per me è in libertà. Dove posso farla accompagnare?»

«Non ho bisogno di essere accompagnata!» gridò la signora, e si diresse a testa alta verso la porta. Sciancalepre le mandò dietro l'agente Muscariello perché dicesse a Rotundo di lasciarla passare. Si rivolse poi al Barsanti:

«Ora, io e lei, andiamo a parlare in questura.»

In un ufficio della questura incominciò a interrogarlo.

«Dunque lei stava in viale Premuda, a Milano.»

«Sì.»

«E riceveva donne!»

«Qualche volta. Sono giovanotto . . .»

«Riceveva anche qualche signora?»

---

onorevole, uomo politico

«Poteva capitare . . .»

«È capitato, è capitato, giovanotto! Lei riceveva la signora Giulia Esengrini e ogni tanto le scriveva delle lettere a M. mandate a Teresa Foletti. Ho in mano quelle lettere. Su, racconti . . .»

«Cosa devo raccontare, se lei sa già tutto? È vero. Ho conosciuto questa signora in treno tra M. e Milano, un pomeriggio. Poi sa com'è . . . ci siamo incontrati qualche volta in un caffè, abbiamo fatto amicizia . . .»

«Avanti, avanti con questa amicizia!»

«La prima volta siamo andati in un albergo che conoscevo, dalle parti di via Mario Pagano. Poi alla signora non piaceva e ho dovuto cercare un appartamentino.»

«Coi soldi che le dava la signora!»

«Quello che guadagno come rappresentante non bastava. E poi era lei che ci teneva . . . Diceva che se l'avessi lasciata si sarebbe buttata nel *lago.*»

«Ebbene, nel lago o no, la signora Esengrini è scomparsa, e lei ne deve rendere conto.»

«Io? Ma cosa ne so io? Dopo la lettera dell'avvocato ho lasciato l'appartamento e me ne sono venuto a Roma proprio per non avere fastidi.»

«Quale lettera?»

«Una lettera che mi scrisse il marito della signora Esengrini. Diceva di essere al corrente della storia, di sapere tutto, che ci aveva fatto pedinare, che era meglio per me se cambiavo aria e mi dimenticavo di sua moglie . . . Capirà! Non ho aspettato neanche otto giorni. I mobili li ho venduti e me ne sono venuto a Roma. Proprio il giorno prima di ricevere la lettera

---

lago, vedi illustrazione pag. 37

dell'avvocato la signora, per la prima volta, era mancata al solito appuntamento del giovedì. Si vede che il marito gliel'aveva impedito. L'avvocato, nella sua lettera, mi aveva detto: 'Si guardi bene dal far sapere a mia moglie che le ho scritto!' Allora scrissi alla signora facendo lo stupido. Mi sorprese che non era venuta all'appuntamento e le dissi che partivo per Roma. Qualche frase un po' gentile, per rendere il colpo meno duro . . .»

«Dov'è la lettera dell'avvocato?» gridò il commissario.

«La lettera? Non so. L'avrò buttata via. Le pare, che mi portavo dietro una lettera simile? Io le lettere le butto via tutte. Anche quelle che mi scriveva la signora Giulia tutte le settimane le ho buttate via.»

Lo interrogò per qualche ora; e Sciancalepre rimase convinto che il Barsanti avesse detto la verità. Gli ordinò però di dare alla questura possibili nuovi indirizzi per poterlo trovare, perché ci poteva essere ancora bisogno di lui.

'Ora' diceva tra sé mentre il treno attraversava gli Appennini, 'se la signora Giulia non è andata dietro al Barsanti, non è andata dietro a nessuno. Nel lago non si è buttata di certo. Avrebbe lasciato una lettera. E poi non ci si andava a buttare con due valigie. A questo punto, sul *fascicolo,* cancellerò la parola 'fuga' e scriverò 'scomparsa'.'

La mattina dopo andò dall'avvocato Esengrini.

«Della signora Giulia nessuna traccia, caro avvocato. C'era lui, il Barsanti, ma con un'altra.»

Il commissario gli raccontò tutto quello che era

---

fascicolo, insieme di carte riguardanti qlcu. o qlco.

successo a Roma, e quando arrivò alla lettera, chiese all'avvocato:

«Non l'ha proprio mai sentito nominare lei, questo Barsanti, prima che gliene parlassi io?»

«Mai.»

«Eppure» riprese il commissario «a questo Barsanti lei ha scritto una lettera. Me l'ha detto lui. Non se lo poteva sognare!»

«Mai! Mai!»

Dopo questo discorso, che finì un po' freddamente, il dottor Sciancalepre comprese che le indagini sulla scomparsa della signora Giulia dovevano prendere un'altra strada e che l'avvocato non poteva parteciparvi con lo spirito di prima.

Chiamò il giardiniere Demetrio Foletti. Si accertò che il Foletti non sapesse nulla delle lettere che la moglie aveva ricevuto per la signora Giulia, poi, per conoscere meglio l'ambiente di casa Esengrini, lo fece parlare a lungo. Ma si sentì ripetere quello che già sapeva.

Il Foletti era un uomo sui quarant'anni, *fedelissimo* alla casa Esengrini. Aveva sempre fatto il giardiniere nella villa fin da quando erano vivi i genitori della signora Giulia. Dopo la loro morte, cioè da circa dieci anni, aveva incominciato, nelle ore libere, a starsene nello studio dell'avvocato. Faceva servizi vari, rispondeva qualche volta al telefono, riceveva i clienti. Passava dal giardino allo studio, lavorando sempre di meno nel parco per il quale né l'avvocato né sua moglie avevano

---

fedele, si dice di persona i cui sentimenti d'amicizia o d'amore non cambiano

cura, e dedicandosi alle sue attività di uomo di fiducia.
Era quindi colui che ne sapeva di più sui rapporti nella
famiglia dell'avvocato, dopo sua moglie Teresa. Secondo
lui la signora Giulia era una santa donna e l'avvocato un
grande uomo. Tuttavia gli sembrava che i loro rapporti
fossero freddi. L'avvocato era un uomo duro con cui non
era facile trattare e che non sapeva dire parole d'amore,
mentre la signora Giulia era un tipo *romantico* e aveva
bisogno di affetto. Tra i due non vi erano mai state parole
dure, ma soltanto lunghi silenzi.

Il commissario seppe dal Foletti che il palazzo Zaccagni-Lamberti, come diceva il suo stesso nome, era
stato posseduto dalla famiglia della signora Giulia e che
suo padre, morendo, aveva lasciato casa e parco
all'Emilia.

L'affare Esengrini, del quale avevano parlato a lungo
i giornali, non andava più avanti. Il dottor Sciancalepre
aveva sperato che uno di questi giornali, con fotografie
dell'antica via Lamberti, con un bel ritratto della signora
Giulia e della signorina Emilia, finisse col cadere sotto
gli occhi della scomparsa, se quegli occhi erano ancora
aperti alla luce del mondo. Ma Sciancalepre incominciava ad averne i suoi dubbi; e tutte le volte che riceveva
fotografie di cadaveri di donne, le studiava attentamente, temendo di fare una brutta *scoperta*.

Si decise a concludere le indagini con un rapporto. Lo
diede al *procuratore,* il quale, dopo un'*istruttoria,* or-

---

romantico, che si abbandona ai sentimenti

scoperta, l'atto dello scoprire

procuratore della Repubblica, avvocato che decide se incominciare
un processo e che poi rappresenta la legge di fronte a colui che
viene accusato

istruttoria, prima parte di un processo in cui si decide se continuarlo
in corte

dinò che tutti gli atti riguardanti la scomparsa di Zaccagni-Lamberti Giulia sposata Esengrini, fossero messi
in *archivio*.

Domande

1. Come viene a sapere il commissario dove abita adesso
   l'amante della signora Giulia?

2. Come si prepara all'incontro?

3. Chi trova nell'appartamento di Luciano Barsanti?

4. Quale storia racconta il Barsanti in questura?

---

archivio, luogo dove si conservano carte di cui non si ha più
bisogno

La signorina Emilia, ritirata ormai dal collegio di Milano, aveva incominciato a frequentare i corsi all'Università andando quasi ogni giorno a Milano.

Nelle case per bene di M. si parlava sempre della signora Giulia e se ne parlò fino alla primavera. La signorina Emilia frequentava le solite *riunioni* in casa di famiglie amiche, qualche volta accompagnata dal padre. Era accaduto che in casa di questo o di quello l'avvocato Esengrini s'incontrasse con il commissario. In quelle occasioni cercavano di evitarsi, e l'avvocato dopo alcune volte non frequentò più nessuna riunione, ridusse anzi man mano anche il suo lavoro da avvocato. Nessuno poteva dire che sua moglie lo avesse *disonorato*. Soltanto il commissario sapeva la storia del Barsanti, ma si era guardato bene dal farne parola anche con la propria moglie; tuttavia era forse peggio l'altra ombra, più grave, di un *delitto*.

Sua figlia, chiusa e indifferente, andava prendendo i modi e le abitudini dei giovani della sua età. L'ultima volta che viaggiò da Milano a M. prima dell'estate, si trovò di fronte un giovane di forse ventotto anni che diceva di conoscerla. Lei non se ne ricordava, ma il giovane raccontò che due anni prima era stato in casa sua e l'aveva vista in altre case di M. Infine si presentò: Ingegner Carlo Fumagalli.

Era un uomo simpatico, molto diverso dai soliti compagni di Università. Si rividero quindici giorni dopo. L'ingegner Fumagalli si fermava a M. tutta l'estate per

---

riunione, incontro di più persone
disonorare, togliere l'onore a qlcu.
delitto, atto grave contro le leggi di uno stato, qui l'uccidere

costruire un piccolo porto. Nei pomeriggi di quell'estate l'Emilia, che andava in *barca* con gli amici, rivide spesso l'ingegnere; e un pomeriggio, insieme ad altri amici e amiche, andò con lui sul lago. Mentre la barca tornava al porto la sera, l'Emilia seduta con Carlo sul fondo col viso rivolto al sole che scendeva, sentì che i suoi capelli venivano toccati da qualcosa che non era più il vento. Erano le dita di Carlo. Si mosse, lo guardò e gli sorrise.

Non successe altro per tutta l'estate. Ma prima di riprendere i viaggi a Milano i due si incontrarono una volta per la strada. L'ingegnere disse ad Emilia che sarebbe rientrato presto a Milano, dove avrebbero potuto incontrarsi qualche pomeriggio, in un caffè di via Montenapoleone. Emilia disse di sì e stabilirono l'appuntamento.

Due volte la settimana si trovavano in quel caffè.

Emilia abbandonò i vecchi amici, anche sul treno si sedeva sola, con la scusa di avere qualcosa da lęggere. Così una sera la trovò il dottor Sciancalepre. Fecero tutto il viaggio insieme e per la prima volta l'Emilia parlò della madre. La ragazza ormai si rendeva conto che la scomparsa della madre era legata a qualche cosa di *oscuro;* e avrebbe voluto sapere quello che il padre aveva nel cuore, e che lei non aveva mai osato chięder-gli.

«È un mistero, un mistero!» diceva il commissario. E tentava di farla parlare. «Li ha letti i giornali?» le domandò.

«Sì, li ho letti. Ma non credo nulla di quelle fantasịe. Comunque, per me, mia madre è morta: lo sento.»

Lo sentiva, in verità, anche Sciancalepre; ma ormai non voleva pensare più a quel caso, benché nel suo cassetto ci fosse sempre il fascịcolo con la fotografịa della signora Giulia.

Venne un'altra primavera, e sụbito scoppiò una calda estate. Il pịccolo porto era ormai finito, ma l'ingegner Fumagalli tornò a M. per farvi le sue *vacanze* e passava il tempo in compagnịa dell'Emilia. Nessuno parlava tanto con l'avvocato da potergli dire che sua figlia se la intendeva col giọvane ingegnere di Milano. Ma glielo disse lei stessa, sụbito dopo l'inizio del terzo anno di Università.

L'avvocato Esengrini, quando una sera dopo cena la figlia in poche parole gli disse di volersi fidanzare con l'ingegner Fumagalli, fece un salto come se qualcuno lo avesse colpito alle spalle.

---

oscuro, non chiaro; diffịcile a comprẹndersi
vacanze, lungo perịodo di riposo concesso a chi lavora o studia

«No» disse secco, «non lo permetto.»

Benché l'Emilia insistesse dicendo che aveva seria intenzione di sposarsi, il padre, sempre più offeso, si dichiarò contrario a quel matrimonio. L'Emilia capì che era inutile insistere e non ne parlò più, ma continuò a rivedere ugualmente il fidanzato non riconosciuto, arrivando anche a passare con lui le doméniche, quando il giovane, che ormai era entrato nell'ambiente di M., veniva sul lago per dedicare all'Emilia quel giorno.

L'avvocato non disse più nulla, ma tra lui e la figlia si era alzato un muro di silenzio. Non si parlavano quasi più, ma una volta quando l'avvocato tentò di proibirle di ricévere le telefonate da Milano, la figlia gli gridò:

«Dimmi piuttosto dov'è mia madre!»

Dopo quelle parole non si erano parlati più, e la figlia entrava e usciva dalla casa come da un albergo; e lui stesso vi si ritirava alla sera stanco della gente che lo guardava con rispetto, ma qualche volta parlava alle sue spalle.

Il dottor Corrado Sciancalepre sapeva che la signorina Emilia e l'ingegner Fumagalli si consideravano fidanzati e si sarebbero certo sposati non appena la maggiore età della ragazza glielo avesse permesso senza bisogno del sì del padre.

Forse anche l'avvocato aveva capito che la figlia aveva questa intenzione, ma non aveva mai dato segno d'aver cambiato idea su quel matrimonio del quale non voleva sentir parlare. E nessuno in verità gliene parlava, perché si era saputo che l'ingegner Fumagalli era stato un amico della signora Giulia e poteva éssere legato in qualche modo alla sua scomparsa. Anche Emilia lo sapeva; gliel'aveva detto lui stesso per spiegare il modo di comportarsi del padre. Naturalmente si era limitato a dire che conosceva la signora Giulia e che l'aveva più volte incontrata a Milano, tanto che avevano interrogato anche lui al tempo della scomparsa, benché non ne sapesse niente, solo perché aveva incontrato la signora Giulia alcune volte per caso. Si incontravano in un caffè di corso Monforte dove l'ingegnere verso le cinque andava sempre a prendere il caffè e dove, per puro caso, andava anche la signora prima di prendere il treno della sera per M.

Tutti ormai si aspettavano che Emilia, compiuto il ventunesimo anno, annunciasse il suo matrimonio. Sciancalepre in particolar modo, perché un sentimento gli diceva che qualcosa sarebbe venuto fuori, a quasi tre anni dalla scomparsa della signora Giulia.

Il giorno aspettato e temuto si avvicinava. L'Emilia compiva il ventunesimo anno il 18 giugno e si sposò il 21. Nessuno fu invitato e nessuno fu avvertito. Lo sapeva soltanto il dottor Sciancalepre, perché l'Emilia e l'ingegner Fumagalli gli avevano chiesto di andare dopo a visitare l'avvocato. Subito dopo gli sposi partirono. L'Emilia aveva preparato da qualche giorno una valigia per il viaggio e l'aveva mandata da un'amica dove passò a ritirarla tornando dalla chiesa. Poi andarono in Svizzera per passare alcune settimane in un piccolo paese il cui nome Beatenberg sembrava promettere quella pace che l'Emilia veramente desiderava dopo i lunghi e difficili anni dopo la scomparsa della madre.

Partiti i due giovani il dottor Sciancalepre andò dall'avvocato Esengrini. Lo trovò stanco e triste ed era difficile parlare con lui.

«È la seconda fuga questa, dottore» diceva l'avvocato, «e qui ci ha una parte anche lei!»

Sciancalepre gli spiegò come si era preparata e formata la decisione della signorina Emilia. Disse che in fondo era meglio, dal momento che il rapporto tra lui e la figlia era ormai interrotto.

L'avvocato, che aveva saputo qualche cosa di certe lettere dell'Emilia alla Teresa Foletti, disse che fra la figlia e la madre doveva esserci stato un accordo; e che forse la figlia sapeva qualche cosa più di lui su quella scomparsa.

Sciancalepre, che non voleva discutere questo, condusse il discorso sulla situazione che si era creata in casa Esengrini dopo il matrimonio dell'Emilia. Disse all'avvocato che sua figlia, al suo ritorno dal viaggio, intendeva abitare nel palazzo che le apparteneva e di cui poteva disporre ora che aveva compiuto i ventun anni.

Quando l'avvocato si rese conto della decisione di Emilia capì che non si sarebbe più potuta sopportare la sua presenza in quella casa. Aveva davanti un mese di tempo prima che ritornassero i due giovani, e si dispose a lasciare per sempre la casa dove era andato ad abitare dopo il matrimonio. Comperò un grande appartamento in un nuovo palazzo sulla piazza del lago e vi andò col suo studio, con l'archivio e i mobili di casa. Quando l'avvocato lasciò la casa, il dottor Sciancalepre avvertì gli sposi che potevano ritornare.

Pochi giorni dopo l'ingegner Fumagalli e la moglie rientrarono a M. Per qualche giorno: solo il tempo di dare inizio ai lavori della casa e in particolare in quell'ala abbandonata del palazzo dove erano vissuti i *nonni* dell'Emilia. In quel periodo abitavano a Milano in casa della madre di Carlo, mentre lui andava a M. ogni

---

nonni, i genitori del padre o della madre

41

nuvola

giorno per dirigere i lavori. Nel giro di un mese la casa fu pronta.

L'appartamento già abitato dagli Esengrini venne chiuso nello stato in cui si trovava; e così pure le stanze dello studio, verso la via Lamberti.

Il parco fu lasciato alle poche cure del buon Demetrio, che frequentava ancora la casa benché avesse seguito l'avvocato Esengrini nel nuovo studio, continuando

l'attività di *segretario*. La moglie di Demetrio passò al servizio della nuova signora e la vita di una volta riprese.

I salotti della villa si aprirono agli ǫspiti. Apparvero di nuovo, nelle belle sere di quell'estate, il dottor

---

segretario, chi scrive le lęttere e svolge altre attività di fiducia per conto di qlcu.

Sciancalepre con la moglie e il dottor Binacchi con la signora e la figlia. Vennero i vicini Ravizza e Sormani coi figli e con le figlie.

Emilia e l'ingegner Fumagalli erano felici e innamorati. Erano contenti di quell'enorme casa che avevano svegliato da un lungo sonno. Non avevano mai sentito il bisogno di scęndere nel parco. Lo guardavano dal cortile o dal loro *balcone*. Certe notti di luna, partiti gli ǫspiti, o rientrando da una festa in casa di amici, i due giǫvani si affacciavano al grande balcone sul parco, con alle spalle la loro cąmera da letto. Guardavano i vecchi ąlberi nella luce della luna, qualche tratto di *viale* che appariva tra le piante e le due grandi *magnolie* in primo piano.

Era la fine dell'estate e una notte, rientrati tardi, uscirono come d'abitųdine sul balcone a guardare il parco steso nel buio, mentre la luna appariva e spariva dietro le *nųvole* in viaggio. La luce nella cąmera era spenta; e l'Emilia, che da qualche minuto stava in silenzio a guardare la luna, d'un tratto *afferrò* il braccio di Carlo.

«Guarda laggiù!» gli disse. «Vedi quell'ombra sul viale?»

«È l'ombra di un ąlbero» le rispose Carlo.

«No» insistette lei, «un momento fa non c'era e il viale era tutto illuminato dalla luna. L'ombra si è fatta avanti mentre una nųvola copriva la luna.»

Carlo scosse la testa sorridendo; ma proprio in quel momento l'ombra si mosse, apparve di nuovo più lontana, poi non si vide più. Poco dopo udì un muǫversi

---

balcone, magnolia, nųvola, vedi illustrazione pag. 42 e 43
viale, qui via in un parco
afferrare, pręndere con forza

di foglie secche della magnolia sotto gli alberi come se qualcuno vi camminasse sopra. L'Emilia tremava per la paura e Carlo la condusse nella stanza. Non riusciva a prender sonno, e solo molto tardi si lasciò convincere che quell'ombra poteva essere l'ombra di una nuvola e che il muoversi delle foglie era dovuto certamente a un gatto.

Due sere dopo l'Emilia volle uscire ancora sul balcone dopo aver spenta la luce della camera. Carlo la seguì e la trovò che fissava quel tratto di viale dove due notti prima si era vista l'ombra. L'Emilia gli mise la mano sul braccio. Carlo seguì il suo sguardo. Lungo il viale che veniva dal cancello si muoveva un'ombra nera. Venne avanti, sparì dietro gli alberi, riapparve, tornò a sparire. Intanto la luna aveva camminato e la sua luce colpiva quella parte del palazzo che dava verso il parco. L'Emilia si ritirò, ma l'ingegnere, in ginocchio per non essere visto, rimase appostato a guardare.

«Più niente?» chiese l'Emilia.

«Più niente» rispose Carlo.

Domande

1. In che modo l'Emilia viene a conoscere l'ingegner Fumagalli?

2. Come si comporta il padre quando l'Emilia gli rivela i suoi sentimenti per l'ingegnere?

3. Cosa cambia nella situazione del padre e della figlia quando l'Emilia compie 21 anni?

4. Com'è la vita dei due giovani dopo il matrimonio?

5

Da quel giorno l'ingegner Fumagalli abbandonò tutti i suoi affari a Milano e qualche settimana dopo si stabilì a M. assumendo solo quei lavori che poteva svolgere in casa, senza più andare a Milano. Era ormai convinto che qualcuno di notte andasse attorno nel parco e sospettava che non si trattasse di un semplice ladro. Aveva fatto un giro tra gli alberi, aveva controllato la serratura del cancello che sembrava chiusa da un secolo. Aveva trovato la chiave al suo posto nella vecchia rimessa e certo non era stata toccata da quando era servita per la fuga della signora Giulia.

Dopo andò a raccontare i fatti al dottor Sciancalepre. Il commissario parve svegliarsi da un lungo sonno. Ascoltò attentamente e chiese di poter andare sul balcone la prima notte di luna.

Poche sere dopo Sciancalepre e l'ingegner Fumagalli, un po' prima di *mezzanotte,* prendevano posto sul balcone verso il parco. L'Emilia era andata a dormire in una camera interna.

Con davanti due bicchieri di cognac su un basso tavolino, i due gettavano ogni tanto uno sguardo nei viali illuminati dalla luna. Passata la mezzanotte il commissario smise di fumare e non levò più gli occhi dal viale dove il Fumagalli gli aveva detto di aver visto l'ombra.

D'un tratto mise la mano destra sul ginocchio dell'ingegnere che gli sedeva accanto. Aveva visto l'ombra. La seguì mentre appariva e spariva nelle zone di luce,

---

mezzanotte, la ventiquattresima ora del giorno

finché scomparve del tutto nel buio, a metà parco. Poco dopo sentì muoversi le foglie secche della magnolia davanti alla serra. Rivide un quarto d'ora dopo, l'ombra ferma in mezzo al viale, più lontano, e gli parve che rimanesse rivolta verso il balcone. Per un momento sentì di incontrare uno sguardo: lo sguardo dell'uomo fermo laggiù che si dirigeva verso le finestre dietro le quali avrebbero dovuto riposare i giovani sposi.

La luna nel suo giro incominciava ad illuminare quella parte del palazzo. Rientrarono e andarono a sedersi in un salotto, portandosi dietro il cognac.

«Ha visto dottore che c'era davvero qualcuno?»

«Ho visto; e le dirò che secondo me l'ospite *notturno* è una persona che conosciamo benissimo.»

«Mio *suocero*» disse subito l'ingegnere a bassa voce.

«Proprio lui. E mi domando cosa ci viene a fare di notte nel parco.»

«Forse ci viene per amore dei luoghi dove ha vissuto tanti anni» disse l'ingegnere. «A meno che non abbia qualche altra ragione . . .»

«Per tre anni» disse Sciancalepre «ne ha avuto del tempo per camminare nel parco. Se ci ritorna, una ragione dev'esserci. Domani mattina cercheremo di trovare il motivo.»

La mattina dopo l'ingegnere e il commissario scesero in giardino di buon'ora e incominciarono col visitare la serra, che Demetrio stava preparando per l'inverno. Poi andarono nel parco. Sui viali di terra battuta non trovarono tracce di scarpe. Neppure presso il cancello e

---

notturno, di notte
suocero, padre della moglie o del marito

intorno alla vecchia rimessa. Qui la chiave era sempre al suo posto. Colui che aveva visitato il parco durante la notte aveva dovuto saltare il cancello o i muri ai lati del parco.

Mentre Sciancalepre studiava il terreno come un vecchio Sioux, l'ingegnere osservava la vecchia rimessa quasi cadente. Era stata usata, fino ad una cinquantina d'anni prima, per due o tre cavalli e un paio di *carrozze*.

L'ingegner Fumagalli si rese conto che, cambiata un po', la rimessa poteva essere usata per la sua automobile. Davanti alla rimessa si apriva un cortile ormai ridotto a prato. Il cortile era diviso in due dal viale che veniva dal cancello e arrivava fino a metà del parco, dove si divideva in due viali più piccoli. Con un colpo d'occhio l'ingegnere si rese conto dei pochi lavori necessari.

Quanto al cortile, pensò che sotto l'erba, cresciuta liberamente, ci fosse un *selciato*. Per accertarsene, prese un *piccone* dalla rimessa e cominciò a *scavare* nel terreno in un punto qualsiasi. Subito vennero in luce alcune pietre del selciato. Sciancalepre, che intanto aveva fatto un piccolo giro, si avvicinò all'ingegnere.

«Ma che cosa va scavando ingegnere?» chiese.

«Guardavo se sotto l'erba non ci fosse un selciato. E siccome c'è, mi basterà scoprirlo su tutto il cortile per poterci entrare bene con la macchina che intendo mettere nella rimessa. Non è una buona idea?»

«Ottima» disse il commissario attento.

«Sicuro!» riprese l'ingegnere. «È difficile entrare dal portone di via Lamberti, e poi mi tocca lasciare la macchina nel cortile. Molto più comodo entrare dal cancello nel parco e usare questa rimessa.»

Sciancalepre non ascoltava più le parole dell'ingegnere. Passava con lo sguardo dal selciato scoperto alle mani forti dell'ingegnere che stringevano ancora il piccone, poi saliva al suo viso e tornava verso terra.

Qualche giorno dopo il giardiniere Demetrio andò di prima mattina allo studio dell'ingegnere e, chiusa la porta, gli raccontò di aver notato alcuni giorni prima un pezzo di selciato scoperto davanti alla rimessa e di aver trovato, contro il muro, un piccone che normalmente era all'interno della rimessa.

L'ingegnere lo lasciò proseguire; e Demetrio, con l'aria di aver fatto chissà quale scoperta, disse di essere andato nel parco per due notti sperando di trovare chi entrava nel parco. La prima sera si era accorto della

---

scavare, qui, mettere il piccone dentro la terra per rimuoverla

presenza di un uomo presso la rimessa. Non avendo il coraggio di incontrarlo, si era ritirato in direzione della serra. Ma vedendo che l'ombra veniva verso di lui, pieno di paura, si era nascosto dietro la magnolia. Di lì aveva notato che l'uomo entrava nella serra. Rimase fermo e dopo un buon quarto d'ora poté vedere l'ombra che si allontanava verso la rimessa. Ritornato nel cortile, Demetrio era uscito dal portone nella via Lamberti e si era ritirato in casa sua. La seconda sera aveva visto l'ombra vicino al cancello come se aspettasse qualcuno, ma prima che si muovesse aveva pensato bene di ritirarsi.

«Ha fatto bene ad *informarmi*» gli disse l'ingegnere, «anch'io mi sono accorto che c'è qualcuno che va di notte nel parco. Ma stia tranquillo che una notte o l'altra lo afferreremo questo personaggio.»

«Non vorrei offenderla» aggiunse il giardiniere che stava già per andarsene «ma ho un dubbio . . .»

«Crede di aver riconosciuto l'ombra?»

«Credo.»

L'ingegnere non volle sapere di più e gli fece segno di star zitto. Quando uscì gli batté leggermente la mano sulla spalla.

Quando Sciancalepre fu informato della scoperta del giardiniere, decise di appostarsi nel parco la prima notte di luna e che ci sarebbe andato ogni notte finché l'uomo fosse stato afferrato.

Mancava ancora una settimana al momento buono. L'ingegner Fumagalli che non volle perdere del tempo fece venire due operai il giorno dopo e furono incomin-

---

informare, dare a qlcu. notizia di qlco.

ciati i lavori della rimessa. Poi si prese a scoprire l'erba del cortile.

La sera stabilita il commissario fu invitato a cena perché nessuno lo vedesse entrare di notte nel palazzo.

A tavola rimasero in silenzio. La signora Emilia, benché non fosse stata informata di tutto, appariva molto agitata; il dottor Sciancalepre cercava di farla sorridere con qualche storia napoletana, ma non gli riuscì. La Teresa, che serviva in tavola, era anche lei preoccupata.

Alle dieci la cena era finita da un pezzo. La Teresa aveva fatto ordine in cucina e se ne era andata a casa sua. Poco dopo la signora Emilia si ritirò in camera. Le fu raccomandato di spegnere la luce alle undici.

Alle undici in punto Sciancalepre era all'interno del portone verso la via Lamberti con l'orecchio teso. Appena sentì un colpo leggero, aprì e fece entrare un suo agente, tale Salvatore Pulito, un giovane alto e forte che usava per le azioni di forza. Il Pulito venne messo in anticamera con davanti una Coca-Cola, mentre Sciancalepre e l'ingegnere andarono in sala da pranzo a bere un po' di vino rosso e a fumare l'ultima sigaretta.

Erano le undici e mezzo quando uscirono all'aperto e scesero tutti nel parco. Evitando il viale di mezzo e camminando sotto il muro che divideva il parco dalla villa Sormani, i tre si portarono vicino alla rimessa. Pulito fu lasciato presso il cancello per impedire che l'uomo si ritirasse da quella parte. Sciancalepre e l'ingegnere si sedettero sotto un enorme albero, pronti a saltare addosso all'ombra non appena fosse apparsa nel cortile per andare, come al solito, per il viale che portava al centro del parco e alla serra.

Dopo un quarto d'ora erano già stanchi di rimanere in

quella posizione e l'ingegnere aveva quasi voglia di muoversi, quando udirono scendere qualcuno dal muro della villa Sormani con un salto, non lontano dal cancello.

«Ecco da dove entra» pensò il commissario.

Passò un tempo che parve lunghissimo prima che apparisse l'ombra. La videro insieme, Sciancalepre e l'ingegnere. Era nella zona nera e stava ferma, quasi avesse paura della troppa luce sul prato. Dopo qualche minuto cominciò a muoversi girando intorno al prato, un po' dentro e un po' fuori della zona d'ombra, diretta verso la rimessa. Raggiunta la rimessa si fermò un momento, poi scomparve all'interno.

«Bisogna aspettare che esca» disse Sciancalepre.

Aspettarono a lungo. Era passata mezz'ora senza che l'ombra uscisse.

«Vuol vedere» disse l'ingegnere all'orecchio del commissario «che questo è un poveretto che viene a dormire nella rimessa? E che prima di andare a dormire, qualche volta va in giro per il parco.»

Sciancalepre stava zitto e faceva segno di aspettare, senza mai perdere di vista la porta della rimessa. Alla fine perdette la pazienza e disse all'ingegnere di attraversare il prato in piena luce e poi di ritornare all'albero. Poteva servire a far muovere l'ombra. L'ingegnere fu contento di avere qualche cosa da fare. Uscì al chiaro e leggermente attraversò il prato, portandosi vicino al cancello. Rimase un poco nell'ombra poi incominciò a ritornare, ma spingendosi un poco verso la porta della rimessa per udire meglio se ne uscisse qualche segno di vita.

Aveva già passato la rimessa e si dirigeva verso l'albero dove lo aspettava Sciancalepre, quando sentì dei passi alle sue spalle. Prima di far in tempo a girarsi, vide due *lampi* uscire da sotto l'albero e intese due colpi di arma da fuoco. Si gettò per terra. Sentì correre da due o tre parti, poi la voce del commissario che chiamava Pulito e, in un improvviso silenzio, ancora un colpo di *rivoltella*.

Quando si mosse, il commissario e l'agente Pulito gli stavano già vicino, pensando che fosse ferito. L'ingegnere voleva sapere cos'era stato, ma Sciancalepre gli disse di ritornare subito alla villa. Salirono di corsa la scala e entrarono in casa. La signora Emilia era nell'anticamera, tutta *pallida*. Quando vide il marito lo abbracciò e volle sentire cos'era accaduto.

L'unico ad aver visto qualche cosa era Sciancalepre. Raccontò che mentre seguiva i passi dell'ingegnere che ritornava attraverso il prato, si era accorto che l'ombra era apparsa di nuovo sulla porta della rimessa. In un attimo la vide gettarsi verso l'ingegnere alzando una grossa *mazza*. Sparò subito in aria riuscendo a fermare il gesto dell'uomo che con quella mazza avrebbe certo rotto la testa del Fumagalli. Sempre con la mazza in mano, l'uomo era fuggito verso il muro della villa Sormani. In quella direzione, qualche momento dopo il commissario aveva mandato un colpo di rivoltella a fondo perduto. Poi era corso ad aiutare l'ingegnere, non

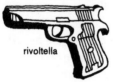

rivoltella

---

lampo, qui luce breve ed improvvisa
pallido, senza colore
mazza, vedi illustrazione pag. 54

53

mazza→

ben sicuro che il colpo di mazza non fosse *andato a segno*.

Detto questo Sciancalepre se ne andò di fretta, portandosi dietro l'agente Pulito e senza neppure accettare un ultimo bicchiere di cognac.

Corse subito in piazza a guardare le finestre dell'avvocato Esengrini. Una luce era accesa a una finestra del secondo piano nell'appartamento dove l'avvocato viveva solo.

Il commissario andò a suonare al portone. Disse il suo nome e fu fatto entrare. Lasciò in basso l'agente, salì e suonò alla porta dell'appartamento. L'avvocato venne ad aprire senza farlo aspettare. Era in *pigiama*. Nell'attraversare l'anticamera per passare nel salotto, Sciancalepre vide la luce accesa nella stanza da letto e un giornale per terra. L'avvocato intanto si era seduto ed aveva invitato

---

andare a segno, colpire
pigiama, vestiti da letto

a sedersi il commissario come se si trattasse di una visita normale, in pieno giorno.

«Sono venuto» disse Sciancalepre «a quest'ora di notte per togliermi un dubbio. Avvocato ... Ho saputo che ogni tanto, di notte, qualcuno entra nella villa di sua figlia. Siccome non si tratta di ladri, ho pensato che poteva essere lei quel qualcuno ... Poteva darsi che lei, avendo la chiave del cancello, vi andasse qualche volta, chissà? Forse perché non riusciva a dormire di notte o per avere l'impressione di essere ancora il padrone della villa ...»

«Caro dottore» rispose l'avvocato, «capisco cosa vuol dire. Mi rendo conto che lei ha dovuto andare più in là di quanto era richiesto dalla mia prima querela. La scomparsa di mia moglie interessa oltre che me, la polizia, la *giustizia*, i giornali ... Sono passati tre anni ed è giusto domandarsi come mai mia moglie non abbia mai dato segno di vita. Anch'io ho pensato tutto quello che lei ha immaginato, benché da un altro punto di vista, potendo lasciare tranquillamente fuori me stesso dal numero dei possibili *assassini*, se mia moglie fu veramente uccisa. Quindi capisco benissimo questa sua visita all'una di notte.»

Il dottor Sciancalepre parve più tranquillo. Si alzò per andar via e mentre l'avvocato lo accompagnava alla porta, notò nell'anticamera una grossa mazza con la quale si sarebbe potuto facilmente ammazzare un uomo. Si fermò e prendendola la provò nella mano. L'avvocato lo guardò tranquillamente.

«Una bella mazza» disse Sciancalepre.

---

giustizia, qui l'autorità che giudica
assassino, chi uccide

«La porto quando esco di sera» spiegò l'avvocato. «Era di mio padre.»

Sciancalepre rimise a posto la mazza, salutò chiedendo ancora scusa e se ne andò.

Per strada incominciò a studiare i fatti e come avrebbe dovuto spiegarli nel rapporto che era necessario stendere. Più che un rapporto doveva fare una vera e propria *denunzia* per tentato *omicidio*. Ma come dimostrare che l'ombra era l'avvocato Esengrini? Quali prove ne aveva?

Domande

1. Che cosa succede la notte nel parco?

2. Quale idea viene all'ingegnere mentre visita il parco?

3. Che cosa racconta il giardiniere Demetrio all'ingegnere?

4. Qual è il piano del commissario e dell'ingegnere per afferrare l'ombra notturna?

5. Perché non riescono nel loro proposito?

---

denunzia, notizia di un delitto data alle autorità
omicidio, l'uccidere

6

La mattina dopo, verso le undici, Sciancalepre aveva quasi finito il rapporto quando la porta del suo studio si aprì e l'ingegner Fumagalli, pallido come un morto, si venne a buttare sulla sua scrivania dicendogli:

«La signora Giulia . . . trovata, trovata! È lei, non c'è dubbio. Ci sono anche le valigie.»

Ci vollero cinque minuti prima che l'ingegnere potesse raccontare quello che era accaduto.

«Questa mattina» disse «gli operai sono andati nel parco come al solito per continuare i lavori della rimessa. Sono sceso tardi perché avevo dormito male, e sono andato a vedere la scena delle operazioni di questa notte. Poi sono andato a vedere il muro verso la villa Sormani dal quale è entrato il nostro ospite notturno. Mi sono accorto che a circa sei o sette metri dal cancello il muro ha una punta di ferro su cui si può mettere il piede. Sono salito sul muro e ho notato che dalla parte del parco Sormani il terreno è almeno un metro più in alto rispetto al terreno del nostro parco. È facilissimo, anche per una persona non più giovane, passare dalla villa Sormani alla nostra, saltando il muro, e ritornare per la stessa strada, con l'aiuto del ferro.»

«Ma la signora Giulia?» chiese il commissario che stava perdendo la pazienza.

L'ingegnere continuò:

«Mentre stavo provando a passare il muro, fui chiamato da uno dei miei operai. Andai nel piccolo cortile davanti alla rimessa e vidi che avevano finito di scoprire il selciato. Un operaio mi condusse davanti a

una *cisterna* che avevano aperto togliendo una grossa
pietra con un *anello*. Demetrio, che era presente, disse
che si trattava di una cisterna per raccogliere l'acqua
quando pioveva. Da almeno trent'anni la cisterna era
nascosta dal prato che era cresciuto sul vecchio cortile.

Guardando in fondo alla cisterna si vedeva
chiaramente una grossa valigia. Mandai a prendere una
lanterna elettrica e scesi nella cisterna dove c'erano
cinque centimetri d'acqua. Poco più in là, nella luce della
lanterna mi apparve una forma umana. Vidi due piedi
con scarpe da donna, due gambe sottili; e salendo con
la luce lungo il corpo, riconobbi il viso della signora
Giulia. Non mi pareva possibile, dopo tre anni che era
rimasta in quella *tomba,* di poterla riconoscere così

---

tomba, luogo dove si mette sotto terra un cadavere

bene. Mi hanno tirato fuori dalla cisterna che non mi tenevo più in piedi. Ho fatto subito richiudere e sono corso qui.»

Restarono in silenzio per qualche minuto. Sciancalepre pensava.

Nella macchina da scrivere il rapporto attendeva di essere concluso. Ora Sciancalepre sapeva come l'avrebbe finito. Parlando più con se stesso che con l'ingegnere, ricostruì i fatti: «L'avvocato Esengrini, scoperto l'affare di sua moglie col Barsanti, gli scrisse la famosa lettera per costringerlo a cambiar aria. Quando venne il giovedì, vedendo che la moglie si preparava a partire per Milano e che la faccenda continuava, tornato dalla pretura affrontò la moglie e le disse tutto quello che sapeva. Mi pare di sentirlo: 'Tu vai a Milano, fai una corsa al collegio, poi prendi un taxi e vai in viale Premuda al numero tale dove ti aspetta Luciano . . .'. M'immagino la scena. Parole dure da tutt'e due, l'avvocato che perde la testa; le mani al collo, e un momento dopo un corpo senza vita che cade a terra. Un attimo di *terrore* e quindi il modo di pensare chiaro dell'uomo di legge. Attraverso la *cantina* è sceso nel parco per non attraversare il cortile interno, portando in braccio il cadavere . . . Questo viaggio l'ho pensato tante volte. Ma mi chiedevo dove fosse andato a finire. Quante volte sono sceso nel parco in quei giorni per cercare la tomba. Ci ho perfino portato un cane. Ma sopra la signora Giulia c'era una pietra e le *zolle* d'erba rimesse in ordine! Chi se la poteva sognare quella cisterna! L'avvocato rimosse le zolle d'erba, aprì la cisterna che conosceva e fece scendere nel vuoto il

---

terrore, forte paura
cantina, stanza o insieme di stanze sotto una casa

corpo. Poi rientrò in casa e fece le valigie. Una era troppo grossa e non entrava nella cisterna. Allora ne prese una più piccola, lasciando l'altra nella camera della signora. Dopo aver buttato anche le valigie nella cisterna, rimise le zolle al loro posto e tornò in casa. Alle due era da me a fare il tragico. Mi disse che non aveva neppure mangiato. Ci credo!»

Così dicendo Sciancalepre si alzò. «Andiamo sul posto» disse. «Passiamo prima a prendere un medico e il pretore e andiamo a riconoscere il cadavere. Il resto verrà da sé.»

Ad ogni buon conto mandò l'agente Pulito ad osservare lo studio e la casa dell'avvocato Esengrini, con l'ordine di non perderlo d'occhio se usciva di casa e di fermarlo se fosse salito su qualche macchina. Poi andò con l'ingegner Fumagalli verso la pretura.

Il pretore, informato, informò a sua volta la *procura* per telefono e chiese consiglio. Gli fu detto di arrestare senz'altro l'avvocato non appena *identificato* il cadavere.

Mentre il gruppo usciva dalla pretura per andare alla villa, l'Esengrini entrava sotto il portone seguito alla lontana dal Pulito. Andava tranquillamente a guardare il fascicolo di un processo fissato per il giorno dopo. L'ingegnere che non parlava col suocero, andò avanti.

«Dove si va?» chiese l'avvocato. «Qualche *sopralluogo?*»

«Avvocato» tagliò corto il pretore, «venga anche lei. Andiamo a fare un sopralluogo che la interessa: nella villa di sua figlia.»

L'avvocato guardò l'ingegnere che si era fermato con

---

procura, l'ufficio del procuratore della Repubblica
identificare, riconoscere
sopralluogo, visita delle autorità

le spalle al gruppo. Guardò il commissario che guardava in giù, poi gli mise una mano sulla spalla.

«Avete trovato qualche cosa?» disse a mezza voce.

«Sì» gli rispose il commissario, «qualche cosa d'importante.»

Intanto l'agente si era avvicinato. L'avvocato si accorse che l'aveva seguito dal suo studio. Senza più parlare si mise a fianco del commissario e seguì il gruppo. Nessuno, vedendoli passare, pensò di cosa si trattasse. C'era poca gente in giro. Era un giovedì. Un altro dei giovedì della signora Giulia.

Alla rimessa Demetrio e i due operai aspettavano vicino alla cisterna chiusa. Il pretore fece aprire. All'agente fu ordinato di scendere nella cisterna e di portar fuori le due valigie. Fu un'operazione lunga e difficile. Messe le valigie una presso l'altra, furono aperte. Contenevano vestiti. La valigetta conteneva due borsette soltanto. Una era vuota e l'altra mise in luce vari oggetti personali come delle chiavi e un *portafoglio,* che fu aperto per toglierne i pochi denari che aveva dentro: seimila lire in tutto. Nel portafoglio c'erano alcune carte e una fotografia della figlia, il tutto riempito d'acqua e di *fango.*

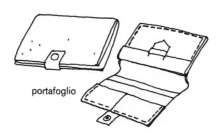

portafoglio

---

fango, terra mista d'acqua

Dopo un'ora di lavoro e con l'aiuto dei due operai, il corpo fu tirato su e steso per terra. L'ingegnere era salito in casa per impedire che la moglie, avendo sentito qualche cosa o avvertita dalla Teresa, scendesse nel parco e si trovasse davanti a quella scena.

Intanto venivano fatte le fotografie di ogni cosa e specialmente del cadavere. Che fosse davvero la signora Giulia, non vi era dubbio. Lo stesso avvocato disse per primo: «È lei.»

Venne una macchina per portarla via e fu aperto il cancello sulla strada campestre. La vecchia chiave funzionava ancora. L'ultimo viaggio della signora Giulia si compì.

Rimasti soli il pretore disse:

«Avvocato, ho telefonato alla procura. Sono informati di tutto. Sono per il *fermo provvisorio*. Non so cosa dirle: si difenderà. Il dottor Sciancalepre l'accompagnerà alle *carceri*.»

Ritornando a casa sua, per la prima volta, a quell'ora, Sciancalepre non pensava al pranzo. Numerosi pensieri e problemi gli riempivano la testa. Non erano stati trovati i *gioielli,* tutti di grande valore, né dentro le valigie, né sul fondo della cisterna.

Negli atti c'era una *lista* dei gioielli che la signora si era portata con sé. L'aveva ricostruita lo stesso avvocato Esengrini. Sciancalepre ricordava quei gioielli

---

fermo, atto di polizia per trattenere in questura una persona
provvisorio, che dura un tempo limitato
carcere, luogo in cui si chiudono coloro che hanno commesso un delitto
lista, foglio di carta su cui sono scritti i nomi di persone o di cose

a memoria. Li aveva visti chissà quante volte portati dalla povera signora. Dov'era andata tutta quella roba? Pensava a una *perquisizione* nella casa e nello studio dell'avvocato e aveva buone speranze. Si ricordò, d'improvviso, che l'avvocato non aveva ammesso di aver commesso quel delitto. Era stato presente come un interessato qualunque, e, identificando la moglie, era stato completamente tranquillo.

A tavola diede la notizia alla moglie, che lasciò cadere un piatto che aveva in mano.

Nel pomeriggio Sciancalepre si decise a finire il rapporto con un'*accusa* di omicidio in persona di Zaccagni-Lamberti Giulia e di tentato omicidio in persona di Fumagalli Carlo, poi andò personalmente alla procura del capoluogo a consegnare il rapporto.

Due giorni dopo il procuratore della Repubblica andò a M. per l'*interrogatorio*. Nella piccola stanza dei *giudici* e degli avvocati fu fatto entrare l'avvocato Esengrini. Attendevano che egli confessasse tutto, ma l'Esengrini

gioielli

cofanetto

---

perquisizione, il cercare con la massima cura se in un luogo o su una persona siano nascosti oggetti legati a un delitto
accusa, l'atto dell'accusare
interrogatorio, serie di domande rivolte dalle autorità, qui in rapporto a un delitto
giudice, colui che giudica e decide la pena

negò sùbito di aver commesso il delitto o di averlo fatto commèttere da altri.

«Ma come?» esclamò il giùdice. «Come, nega?»

«Nego.»

«Ma ho delle domande da farle.»

«Me le faccia.»

«Come spiega che il cadàvere era nel suo parco da tre anni?»

«Non spiego nulla» concluse l'avvocato. «Non tocca a me spiegare, per intanto. Tocca a lei dimostrare che io ho ucciso mia moglie e che mia era l'ombra con la mazza. Vengo a sapere solo ora che l'altra notte fu tentato un omicidio nel parco. Ora capisco perché Sciancalepre mi è arrivato in casa all'una di notte con quella faccia. Debbo riflèttere, signor procuratore, debbo ordinare le idee. Per intanto posso solo dirle che sono *innocente*.»

In verità mancavano ancora le prove. La perquisizione fatta con ogni cura nella casa e nello studio dell'avvocato per cercare i gioielli aveva dato come solo frutto la mazza.

Si lavorò a ricostruire la mattina del delitto ora per ora; e fu fatto un secondo interrogatorio dell'avvocato, che dichiarò di èssere rientrato a mezzogiorno e di avere trovato la casa nelle stesse condizioni accertate due ore dopo dal commissario. La Teresa spiegò di èssere stata allontanata dalla casa alle nove di mattina dalla stessa signora Giulia; di èssere tornata alle ùndici e di aver sentito che la signora era nella sua càmera; di èssere andata via alle ùndici e trenta e di èssere ritornata solo alle quattòrdici quando la signora non c'era più, ma di aver trovato la porta chiusa.

---

negare, dichiarare che una cosa non è vera

innocente, che non ha commesso colpa

Domande

1. Come viene trovata la signora Giulia?

2. Secondo Sciancalepre quale motivo ha avuto l'avvocato Esengrini per uccidere la moglie?

3. Come si comporta l'avvocato durante l'interrogatorio?

7

Dopo alcuni giorni l'avvocato Esengrini avanzò un'*istanza* di incontro col Barsanti. Ebbe luogo un interrogatorio dei due in seguito al quale si poterono mettere a rapporto i fatti seguenti:

1) Che la famosa lettera era stata ricevuta dal Barsanti quattro giorni prima del delitto.

2) Che il Barsanti non ricordava di averla distrutta o buttata via, ma che comunque non l'aveva conservata e non gli era più capitata sott'occhio.

3) Che aveva venduto i mobili dell'appartamento di viale Premuda a un *commerciante* di via Fiori Chiari, quattro o cinque giorni dopo aver ricevuto la lettera.

4) Di essere partito per Roma il giorno dopo.

5) Che in una delle sue prime lettere alla signora Giulia le aveva detto di aver trovato finalmente un appartamentino in viale Premuda al n° XY.

6) Che in qualcuna delle sue lettere si era firmato col solo nome e in altre col nome e *cognome*.

Dopo l'incontro l'avvocato Esengrini stese un'altra istanza alla giustizia. Domandava di far fare un sopralluogo nel suo studio e di cercare la *pratica* Molinari. Nel fascicolo si sarebbe trovata una busta gialla chiusa. Lì avrebbero trovato una prova importante: la famosa lettera ricevuta dal Barsanti.

Il *giudice istruttore* non capiva dove volesse arrivare

---

istanza, domanda scritta alle autorità
commerciante, chi fa commercio per professione
cognome, nome di famiglia
pratica, insieme di atti d'ufficio che riguardano un determinato affare; fascicolo
giudice istruttore, giudice che cura l'istruttoria di un processo

l'Esengrini e come potesse possedere quella lettera. Andò nello studio dell'avvocato, prese la pratica e vi trovò la grossa busta gialla.

Seduto alla scrivania dell'avvocato l'aprì. Vi trovò due lettere con le loro buste. Una, scritta a macchina, a Barsanti Luciano, viale Premuda numero XY, mandata dallo studio Esengrini in via Lamberti. Lesse la lettera:

'M. 15 maggio 1955.

Signor Barsanti, sono informato del suo rapporto con mia moglie Giulia. La consiglio di metter fine alla faccenda. In caso contrario la avverto che sono pronto a una azione che la porterà in carcere; credo però nel suo buon senso. Non parli di questa lettera a mia moglie.'

Era firmata dall'avvocato Esengrini.

Il *magistrato* era *stupefatto*. Come poteva possedere l'avvocato Esengrini quella lettera? A quella domanda venne data risposta dall'altra lettera, del 20 maggio 1957, all'avvocato Esengrini dall'avvocato Attilio Panelli di Milano, via Marsiglia, n° XX. Si leggeva che la lettera dell'avvocato Esengrini era stata dimenticata dal Barsanti in fondo a un cassetto. I mobili, venduti al commerciante di via Fiori Chiari, erano finiti all'*asta* e la lettera era arrivata nelle mani dell'avvocato Panelli. Da lui era stata ritornata molto gentilmente all'avvocato Esengrini: '. . . per evitare che una lettera di natura personale che La riguarda cadesse in mano sbagliata.'

Ma quale interesse aveva l'avvocato Esengrini nel presentarla? Non aveva sempre negato di averla scritta?

---

magistrato, pubblico ufficiale della Giustizia; giudice
stupefatto, molto sorpreso
asta, il vendere pubblicamente a chi offre di più

La lettera figurava mandata il sabato da M. e arrivata il lunedì dopo a Milano. Tre giorni dopo, il giovedì, era scomparsa la signora Giulia. Allora era vero quello che aveva dichiarato il Barsanti.

Quando l'avvocato Esengrini seppe che la busta gialla era stata trovata, presentò un'altra istanza sorprendente.

Ormai fu necessario passare gli atti al giudice istruttore, presentandosi l'indagine piuttosto difficile.

La nuova istanza richiedeva che si andasse a prendere l'*agenda* 1955 dell'avvocato Esengrini, conservata nell'archivio dello studio. Fatto questo, il giudice cercò la pagina del sabato in cui era partita la lettera diretta al Barsanti. C'era scritto:

'Incontro con Rossinelli Egidio e moglie per querela contro Scardìa.

Incontro con l'avvocato Berrini per pratica Bassetti.

Istanza di libertà provvisoria Marchionato Alfredo (N 468/62).'

Per farsi spiegare, il giudice istruttore andò a trovare l'avvocato in carcere.

«Signor giudice» si sentì dire. «Lei capisce dove voglio arrivare, forse; le raccomando dunque il segreto. Vada avanti da solo nelle indagini. Non lasci vedere gli atti a nessuno. La mia libertà è in gioco. L'assassino è qui vicino con gli occhi e le orecchie aperte. Deve potersi convincere che ormai io sono *spacciato* . . . I *documenti* che le vado mettendo nel fascicolo li studio da anni. Sono loro che mi hanno rivelato la verità. Interrogandoli ho identificato l'assassino, ho ricostruito le sue azioni e

---

agenda, libro personale per segnarvi giorno per giorno le cose da fare
spacciato, senza speranza di salvarsi
documento, carta importante

infine, cinque mesi or sono, ho scoperto il cadavere di mia moglie nella cisterna. Quando ho dovuto lasciare la casa dove avevo vissuto ventun anni con mia moglie, mi sono sentito in pericolo. L'assassino è un uomo attento e intelligente, ed è capace di uccidere un'altra volta per salvarsi. E si è accorto del mio lavoro di ricerca della verità.»

«Ma chi è?» chiese il giudice. «Mi pare sia il caso di parlare, avvocato.»

«Signor giudice, bisogna avere prove sicure! Ora le chiedo di far dormire di notte nel mio studio un agente. Poi la prego di prendere dal fascicolo il processo contro Marchionato Alfredo. Porta il n. 468/62 e si trova nell'archivio della pretura. È finito bene. Difendevo io. Nel processo c'è una mia domanda di libertà provvisoria. L'ho stesa, come ha visto dall'agenda, quel sabato.»

Il giudice fece ricercare il processo Marchionato, trovò l'istanza di libertà provvisoria scritta a macchina e firmata dall'avvocato. Unì tutto agli atti.

«Ora la prego di interrogare tutte le persone che sono venute nel mio studio quel sabato mattina: il signor Egidio Rossinelli con la moglie e l'avvocato Berrini. Occorre ricostruire quella mattina nel mio studio» disse l'avvocato Esengrini.

I Rossinelli ricordavano bene quel giorno. In tutta la loro vita avevano fatto quella sola querela. La mattina erano andati dall'avvocato Esengrini a spiegargli i fatti e a chiedere il suo aiuto. Tanto il Rossinelli Egidio che la moglie ricordavano di essere rimasti quasi un'ora nello studio per stendere la querela. Il Rossinelli ricordò che nello studio c'era anche Demetrio, anzi che era stato Demetrio a dargli il consiglio di fare la querela il giorno prima.

L'avvocato Berrini ricordò quel giorno e ne trovò traccia nella sua agenda. Anche lui di buona memoria, riuscì a ricordare che l'avvocato era fuori dallo studio e che dovette aspettarlo.

Non fu difficile all'intelligente magistrato compiere la seguente indagine: la querela dei Rossinelli figurava presentata in pretura personalmente dall'avvocato Esengrini quel sabato. Dunque l'avvocato aveva steso la querela, era andato coi Rossinelli a presentarla, poi era tornato nello studio dove aveva trovato l'avvocato Berrini ad aspettarlo.

Con questi atti il magistrato andò nel carcere di M., deciso a far rivelare all'avvocato Esengrini gli ultimi segreti.

L'avvocato era soddisfatto. Il magistrato si sedette e gli fece capire che era tempo di parlar chiaro.

«E sia» accettò Esengrini. «Le dirò tutto ma non il nome dell'assassino. Si prepari ad avere ancora un po' di pazienza e un altro po' di fiducia in me. Dunque sappia che, prima ancora del nostro bravo Sciancalepre, mi ero convinto che mia moglie non poteva essere fuggita, ma era stata uccisa. Ne fui certo dopo il famoso viaggio di Sciancalepre a Roma, quando seppi della lettera ricevuta dal Barsanti, che ero ben certo di non aver mai scritto. Quella lettera l'aveva scritta l'assassino. Ma questo lo potevo pensare solo io. Per tutti gli altri era stata scritta da me: quindi avrei dovuto sapere dell'affare di mia moglie col Barsanti e da ciò la scena con mia moglie il giovedì a mezzogiorno durante la quale avrei dovuto ucciderla, portar via il cadavere e nasconderlo nel parco. Molte volte mi sono domandato perché non mi arrestassero! Le ripeto che mi domandavo come si potesse mettere nell'archivio la pratica.»

«Caro avvocato, non solo mancava la lettera, ma mancava anche il cadavere.»

«Ha ragione. Mancavano. E furono le prime cose che cercai. Il cadavere non poteva essere lontano. Era stata uccisa in casa e il posto più adatto per nascondere il cadavere era il parco. Quando seppi che avevano fatto girare un cane per il parco (me lo disse Demetrio) ebbi paura. Se l'avessero trovato sarebbe stata la mia fine: non avevo ancora in mano le prove che ora lei ha nel fascicolo!»

«Ma quali prove!» esclamò il giudice.

«Quelle che ora ci sono. Tutte, meno una: non so ancora dove sono i gioielli. Quando circa sei mesi fa ricevetti la lettera dell'avvocato Panelli mi sembrò un segno del destino. Lei non immagina cosa sono stati per me questi tre anni! Mia figlia che mi odiava e che si è sposata con quell'uomo che aveva fatto la corte alla madre. Gli sguardi della gente, dei magistrati . . . Tutti erano convinti che io fossi un assassino. Adesso mancano soltanto i gioielli. Se pure si troveranno. L'assassino è intelligente e sta giocando un gioco difficile con me. I gioielli sono un mezzo *decisivo* nelle sue mani. Temo che egli, vedendo che le indagini non si concludono, o credendo che verrà interrogato anche lui, si decida a rinunciare ai gioielli andandoli a nascondere nel mio studio, dove una più attenta perquisizione li potrebbe mettere alla luce. Allora sarei perduto.

Ma andiamo avanti. Debbo dirle, signor giudice, che io entrai nel parco, non dal portone del palazzo Zaccagni-Lamberti, ma da quello vicino del palazzo

---

decisivo, che decide

71

Sormani del quale avevo la chiave. Dal cortile dei Sormani passavo nel parco, poi attraversavo il muro, verso il fondo. Entravo dopo la mezzanotte, quando tutti erano a letto nel palazzo. Eppure, ci fu chi mi vide...
Ma anche nei primi tempi quando non avevo ancora lasciato il palazzo, giravo spesso per il parco durante il giorno mentre mia figlia era a Milano, all'Università. Interrogavo ogni zolla di terra. Ogni tanto prendevo un piccone e scavavo in qualche posto, poi ricoprivo.

Un giorno, stanco morto dopo aver scavato lungo il muro verso villa Sormani, stavo riportando il piccone nella rimessa. Lo trascinavo per terra, tanto ero stanco. Ad un tratto non andò più avanti. Era rimasto con la punta dentro qualcosa, nel prato davanti alla rimessa, come se una mano l'avesse afferrato. Nel raccoglierlo mi accorsi che, trascinando il piccone, avevo tirato fuori un grosso anello di ferro. Tolsi alcune zolle d'erba e mi apparve la cisterna, coperta da una grossa pietra. L'aprii a fatica. Avevo scoperto la tomba di mia moglie. Richiusi e vi misi sopra le zolle. Ormai sapevo tutto. Ma ero certo che i gioielli non si sarebbero trovati nelle valigie. Valgono almeno trenta milioni, e l'assassino non poteva averli gettati via.

Intanto mia figlia stava per compiere la maggiore età. Si sposò senza dirmi nulla. Sciancalepre quel giorno venne a dirmi che dovevo lasciare la villa. Ormai apparteneva a mia figlia. Me ne andai: m'importava soltanto di poter entrare con sicurezza nel parco. Sono l'avvocato della famiglia Sormani e ho le chiavi del portone. Incominciai così la mia vita di ombra notturna. Ombra con poche speranze, perché i gioielli difficilmente potevano essere nel parco. L'assassino li aveva nascosti bene di sicuro. E se io lo avessi accusato (e con quali prove?)

avrebbe facilmente potuto *ritorcere* l'accusa contro di me.»

A questo punto l'avvocato si sentì molto stanco e gli si chiusero gli occhi.

«Mi lasci» disse al giudice. «Torni domani. Da un po' di tempo soffro di cuore . . .»

Il giorno dopo il magistrato era a M. di buon mattino. Trovò l'avvocato in ottime condizioni e si preparò ad ascoltare la fine di quella storia che non l'aveva lasciato dormire tutta la notte.

L'avvocato Esengrini chiese al giudice di prendere la domanda di libertà provvisoria del Marchionato e la lettera al Barsanti e di porre l'uno sopra all'altro i due fogli, avvicinandoli al vetro di una finestra e far *combaciare* le due firme.

Il giudice, che aveva con sé il fascicolo, fece questo contro la finestra dello stanzino. Le due firme si coprivano perfettamente.

«Questa firma è *ricalcata*» esclamò il magistrato guardando la lettera.

«Certo. Ed è la chiave del mistero. Ecco perché le dicevo che la lettera l'aveva scritta l'assassino! Ed è stata fatta quel sabato!»

«Ma dove vuole condurmi, avvocato!» gridò il magistrato. «Parli! Fuori questo nome! La mia pazienza ha un limite. Ho fatto tutto quello che mi ha chiesto. Ora non vado più avanti al buio.»

«Non posso ancora fare quel nome. Prima debbo

---

ritorcere, rivolgere
combaciare, essere uniti in ogni punto
ricalcare, qui, scrivere la firma di un altro seguendone le linee

trovare i gioielli. E li voglio trovare senza muovermi dal carcere. Mi aiuti ancora un poco . . .»

«Avvocato» disse il giudice istruttore, «basta che lei tiri fuori quel nome, e può lasciare il carcere!»

«Ci mancherebbe altro! Voglio restare qui dentro fino a che non si troveranno i gioielli. Uscirò quando entrerà 'Lui'. Se 'Lui' sapesse che io sono fuori, capirebbe che è suonata la sua ora e potrebbe compiere un atto pericoloso.»

Domande

1. Come è finita nelle mani dell'avvocato Esengrini la lettera al Barsanti?

2. Chi si trovava nell'ufficio dell'avvocato il sabato in cui fu mandata la lettera al Barsanti?

3. A che cosa serve l'istanza di libertà del Marchionato?

4. In che modo l'Esengrini muove le indagini della giustizia?

5. Perché sono importanti i gioielli?

8

Intanto Sciancalepre continuava ad occuparsi del caso, benché le indagini venissero ormai condotte dal giudice istruttore.

Considerava la possibilità di altre lettere. Come la Teresa Foletti aveva ricevuto una lettera del Barsanti dopo la scomparsa della signora Giulia, così il Barsanti poteva aver ricevuto qualche lettera in viale Premuda dopo essere partito per Roma. In tal caso la portinaia, non conoscendo il nuovo indirizzo del Barsanti, doveva averla trattenuta. Decise quindi di tornare, con un ritardo di tre anni, in viale Premuda a fare una visita.

Prima aveva trovato, visitando di nuovo il parco, un *manico* di piccone nuovo, vicino al muro sotto le foglie secche. Aveva domandato agli operai se non avevano trovato uno dei loro picconi senza manico. Gli avevano risposto che qualche giorno prima, il giorno in cui era stato trovato il cadavere, avevano trovato che un piccone nuovo mancava del suo manico di legno. Glielo avevano mostrato e Sciancalepre aveva notato che il manico entrava in modo perfetto nel ferro.

Fosse quel manico la mazza che aveva visto nelle mani dell'ombra, alzata sulla testa dell'ingegnere?

Il giorno dopo era a Milano. La portinaia era sempre la stessa e la riconobbe. Cercò di farle ricordare la sua visita di tre anni prima.

«Mi pare» disse freddamente la portinaia «che tre anni fa sia venuto qualcuno a cercare quel giovane dell'ultimo piano che riceveva tante donne.»

---

manico, vedi illustrazione pag. 48

«Ero io» disse Sciancalepre. «Ma mi dica, dopo che se ne era andato a Roma, non ha più ricevuto lettere qui?»

«Ho un cassetto con tutte le lettere di coloro che sono andati via e che non sono più venuti a ritirarle» rispose la portinaia. «Possiamo vedere . . .»

Tornò col cassetto con un gran numero di lettere. Fra le ultime apparve una busta dove lesse, 'Sig. Luciano Barsanti'. Era la calligrafia della signora Giulia.

Sciancalepre volò a M. con la lettera, passò di corsa nel suo ufficio a prendere anche il nuovo piccone col suo manico, lo diede da portare all'agente Pulito e con lui andò al capoluogo. Aveva creduto meglio, allo stato delle indagini, non aprirla e rimettere tutto nelle mani del giudice istruttore.

«Apriamola insieme» gli disse il giudice.

La lettera era di quel giovedì in cui la signora era scomparsa e diceva:

'Mio caro Luciano,
forse oggi non ci vediamo. Proprio ora che parti, le cose *si complicano*. Fin dai primi tempi del nostro amore, qualcuno ha saputo. Non ti avevo mai detto nulla perché avevo capito che ogni difficoltà ti dava fastidio. Ma oggi forse ciò che ho sempre temuto mi raggiungerà. Lascerò che tutto si scopra? Se mio marito mi caccerà, sarà in fondo meglio per tutti. Non temere di nulla. Non farò mai il tuo nome, e nessuno saprà mai quanto sono stata felice con te. Se un giorno sarò libera, verrò a cercarti. Andrò in Toscana da tua sorella che mi dirà dove sei. È il solo sogno che mi resta.

La tua Giulia.'

---

complicarsi, diventare difficile, più grave

«Povera signora!» disse Sciancalepre.

Il giudice invece esclamò:

«Meraviglioso! Ora, sono sicuro che Esengrini è innocente.» E rivolto a Sciancalepre disse: «Andiamo dall'assassino.»

«Ma quale assassino?» domandò il commissario.

«Ha ragione. Lei non è al corrente delle istanze dell'avvocato Esengrini. Tenga: si legga tutto il fascicolo. Poi andremo a M. e per la strada lei mi dirà chi è l'assassino. Credo che ci troveremo d'accordo.»

Sciancalepre si mise subito a leggere il fascicolo con vivo interesse. Quando trovò la famosa lettera dell'avvocato al Barsanti e fece combaciare al vetro di una finestra le due firme, il suo sguardo si illuminò. Tornò indietro e si provò a immaginare quando e come la signora Giulia poteva aver scritto, quel giovedì, la lettera al Barsanti. Verso le nove del mattino, quando aveva rimandato a casa la Teresa Foletti! Ma chi aveva 'saputo'? Certo, chi aveva ricalcato la firma dell'avvocato Esengrini. E se l'aveva ricalcata da un documento che era la domanda di libertà provvisoria del Marchionato, l'operazione doveva essere avvenuta nello studio dell'avvocato mentre lui era fuori. Ma quando? Il sabato prima. Quella mattina di sabato, sul tavolo dell'avvocato Esengrini c'era la domanda, scritta a macchina e già firmata. I Rossinelli erano già stati nello studio Esengrini, l'avvocato Berrini ci sarebbe andato più tardi, quando l'avvocato era già ritornato dalla pretura . . . Chi c'era nello studio in quella mezz'ora?

Sciancalepre chiuse il fascicolo e si lasciò prendere dai pensieri che ormai avevano una direzione precisa. Poco dopo tornò il giudice. Sciancalepre non parlò. Continuava a pensare.

Quando fu sulla strada di M. seduto a fianco del giudice, gli disse un nome in un orecchio per non farsi sentire dall'agente Pulito che guidava la macchina, o forse soltanto perché temeva ancora di sbagliare.

Il giudice fece di sì con la testa. Non si dissero altro per tutta la strada.

«È quasi un mese che non ci vediamo» disse l'avvocato Esengrini a Sciancalepre dopo aver salutato il giudice.

«L'avevamo messo un po' da parte» spiegò il giudice, «ma Sciancalepre non ha dormito, e questa mattina mi ha portato una nuova chiave del mistero, forse.»

E così dicendo mise sotto gli occhi dell'avvocato l'ultima lettera della signora Giulia.

«Dopo questa lettera» disse l'avvocato dopo aver letto e riflettuto, «la scoperta dei gioielli non è più così importante. Proviamo ora a ricostruire il delitto, dicendo che l'abbia compiuto, per esempio, il Demetrio Foletti. Dunque mia moglie, una donna romantica, andando a Milano per le sue visite alla figlia, aveva fatto l'incontro *fatale*: Luciano Barsanti. Dopo i primi appuntamenti in alberghi, il Barsanti trova in viale Premuda il posto adatto, come sappiamo.

Mia moglie aveva avuto la bella idea di ricevere lettere attraverso la Teresa Foletti, con dentro le buste scritte da lei, per far credere che venissero dalla figlia. La Teresa ci poteva credere, ma non suo marito, che aprì una delle prime lettere. Forse più di una, ma certamente quella nella quale si diceva che l'appartamentino c'era, a quel tal numero di viale Premuda. Qualche volta il Barsanti firmava le lettere d'amore

---

fatale, di importanza decisiva per il destino di una persona

con nome e cognome. Demetrio Foletti sapeva dunque che mia moglie aveva un affare, conosceva il nome dell'amante e il suo indirizzo preciso. Presto cominciò a *minacciarla* di rivelare il segreto. È facile immaginare come il suo desiderio per mia moglie, certo non nuovo, debba aver preso forma quando capì che quella donna creduta *irraggiungibile* era nelle sue mani. Possiamo immaginare come le abbia detto di voler scoprire l'affare e come mia moglie lo abbia rifiutato. Demetrio, uomo di fiducia della famiglia, andava e veniva per casa ad ogni ora; io ero fuori, spesso una giornata intera. La povera Giulia pagava caro il suo segreto. Demetrio ad un certo punto deve aver sentito la *gelosia* di un marito vero, anzi di più. Ha avuto l'idea della lettera mandata dal marito che sapeva tutto per porre fine all'affare. Ha ricalcato altre volte la mia firma, d'accordo con me, quando qualche lettera di poca importanza doveva essere firmata quando io non c'ero.

Il Foletti non sapeva che quell'amore stava già per finire e che il Barsanti ne era già stanco.

Non per questo poteva sperare, allontanato il Barsanti, di sostituirsi a lui. E in fondo avrebbe dovuto pensare che sarebbe successo il contrario; ma non vedeva chiaro, preso dalla passione come era. Non bisogna dimenticare che la Teresa, che da giovane non era brutta, da un po' di anni è diventata una vecchia. Ha quasi dieci anni più di lui. E all'epoca del delitto, Demetrio aveva poco più di quarant'anni; molti meno di me. Doveva credersi

---

minacciare, far temere a qlcu. un male futuro, p.es. per costringerlo a fare qlco.
irraggiungibile, che non si può raggiungere
gelosia, sentimento di chi teme di perdere per colpa di un altro l'amore della persona amata

un bell'uomo, capace di fare la corte a una moglie che si era già messa su una via sbagliata.

Il sabato mandò la lettera e sperò che prima di giovedì arrivasse la risposta per la solita via. Giovedì mattina, quando vide che non era arrivata alcuna lettera a sua moglie, pensò che il Barsanti non avesse dato importanza alle sue parole. Bisognava allora *premere sulla* donna.

Già di prima mattina deve aver proibito a mia moglie di andare a Milano e deve averle fatto paura.

Lei allora scrisse la lettera che Sciancalepre ha trovato in viale Premuda. La lettera deve essere arrivata a Milano quando il Barsanti era già partito per Roma. Mia moglie sarà uscita per mandarla verso le dieci del mattino. Demetrio, un'ora dopo, quando sua moglie se n'era già andata, entrò in casa a minacciarla. Deve averla spinta nella camera. Mia moglie avrà gridato e Demetrio, perduta la testa, l'ha fatta tacere per sempre.

Che esistesse una cisterna presso la rimessa era noto solo al Foletti; e pensò di cacciarvi il cadavere. In tutta la casa non vi era nessuno. Io ero in pretura e non sarei tornato prima di mezzogiorno. La Teresa era in casa sua. Il Foletti ha avuto il tempo di tornare in casa, di prendere le valigie, di cacciarvi gli abiti di mia moglie, non dimenticando le borsette né i gioielli. La moglie che fugge si porta sempre dietro i suoi gioielli. Sapeva, il Demetrio, che costituivano da soli una piccola fortuna. Perciò si guardò bene dal metterli in quelle valigie che nessuno avrebbe mai trovato. I gioielli, chiusi in un *cofanetto,* li nascose nella serra.»

---

premere su qlcu., cercare di spingere qlcu. a qlco.
cofanetto, vedi illustrazione pag. 6:³

«Dunque ci sono, i gioielli!» esclamò il giudice.

«C'erano» riprese l'avvocato. «Demetrio che aveva seguito tutte le mie ricerche si era accorto che cercavo mia moglie sotto terra nel parco e forse aveva capito che ero arrivato alla cisterna. Ma poteva stare tranquillo: tutte le prove che io trovavo erano contro di me. Avevo avuto un *movente* per uccidere mia moglie, e non avevo nessun interesse a mettere in moto la giustizia.

I gioielli erano per lui il mezzo per farmi accusare, quando gli occorreva. Bastava farli trovare nel mio studio per allontanare da sé l'accusa. Quando si accorse che cercandoli ero arrivato alla serra, fu costretto a rimuoverli. Non voleva perderli. Un giorno, magari fra dieci o quindici anni, li avrebbe venduti.

Una notte mi accorsi che Demetrio era stato nella serra e aveva rimosso alcuni fiori. Dunque era stato costretto a portarli fuori dal parco. Avrei voluto che li portasse a casa sua. Ma aveva a disposizione tutto il parco Sormani nel quale (e qui siamo ad un punto importante) Demetrio può entrare liberamente perché i Sormani da anni gli hanno dato la cura dei loro pochi fiori. Ecco perché l'ombra che stava ammazzando mio *genero* veniva dal muro verso la villa Sormani. Demetrio di notte entrava dal portone di via Lamberti del quale aveva la chiave e scendeva nel parco per osservare i miei movimenti, quando a mia volta entravo dallo stesso portone un po' più tardi e scendevo nel giardino. Appena si accorse che mio genero voleva ricostruire la vecchia rimessa e che avrebbe fatto togliere il prato per mettere in luce il selciato, capì che sarebbe venuta fuori la

---

movente, motivo
genero, il marito della figlia

cisterna e si sarebbe scoperta la tomba di mia moglie. Lo capii anch'io e mi preparai a vivere giorni difficili. Nascosi la lettera con la mia firma ricalcata nella pratica Molinari, cioè in un luogo dove poteva essere ritrovata facilmente.

Demetrio deve essere venuto a sapere che mio genero aveva intenzione di sorprendere l'ospite notturno.»

«È così» interruppe il giudice. «Suo genero gli disse che aveva intenzione di afferrare l'ombra. E Demetrio poteva aver avuto l'impressione che l'ingegner Fumagalli intendesse farlo da solo.»

«Perciò» riprese Esengrini «decise di sorprenderlo nel parco e ucciderlo. Chi potevano accusare se non me? Mia figlia lo sapeva che andavo in giro per il parco di notte.»

«Lo sapeva, l'aveva visto lei per prima» interruppe Sciancalepre. «E anche Demetrio aveva detto al Fumagalli di aver visto la sua ombra nella serra con una lanterna elettrica.»

«Dunque andiamo bene» disse l'avvocato «e possiamo continuare. Morto l'ingegnere, se avessero arrestato me, non avrei certo fatto altro che negare. Non mi conveniva tirar fuori il cadavere di mia moglie. I lavori della rimessa, dopo quell'omicidio non sarebbero andati avanti. Mia figlia avrebbe abbandonato la villa e su quel pezzo di prato l'erba avrebbe continuato a crescere chissà fino a quando. La cisterna avrebbe mantenuto il suo segreto. Ma, in qualunque caso, Demetrio poteva mandarmi in carcere facendo ritrovare i gioielli. Poteva addirittura presentarsi alla giustizia e dire che si sentiva in dovere di consegnare un cofanetto che io gli avevo dato perché lo nascondesse. È quel che potrebbe fare ancora, non sapendo che sono state ritrovate le due lettere.»

Il giudice voleva che il Foletti fosse arrestato subito, perché c'erano prove tali da poterlo convincere a confessare il delitto. L'avvocato promise di studiare un piano e il giudice si mise in viaggio per il capoluogo.

Domande

1. Quale scoperta fa Sciancalepre nel parco?

2. In che modo trova l'ultima lettera della signora Giulia?

3. Secondo l'avvocato, quale sarebbe stato il movente di Demetrio per uccidere la signora Giulia?

4. Perché l'avvocato non ha rivelato prima il nome dell'assassino?

5. Perché l'assassino nasconde i gioielli?

Tutta la cittadina di M. era convinta della *colpevolezza* dell'avvocato. L'ingegner Fumagalli e sua moglie decisero di andare in Svizzera per qualche settimana. Lasciate le chiavi di casa a Demetrio, partirono subito, d'accordo col giudice istruttore.

Le condizioni nelle quali Sciancalepre doveva *agire* erano le migliori. Demetrio Foletti poteva immaginare qualche azione dell'Esengrini per salvarsi dalle due terribili accuse ormai note. Poteva aver capito in che modo l'avvocato voleva difendersi e che cosa si stava preparando per lui. Era dunque necessario che rinunciasse ai gioielli.

Considerato questo, l'avvocato rivelò il suo piano al giudice che diede mano libera a Sciancalepre.

Sciancalepre agì il giorno dopo. Mandò a chiamare il Foletti nel suo ufficio e gli tenne questo discorso:

«L'avvocato Esengrini nega, ma tutte le prove sono contro di lui. Abbiamo perfino trovato in casa sua la mazza con la quale tentò di uccidere il genero quando si accorse che si stava per scoprire la cisterna. Ora è necessario trovare i gioielli. Abbiamo fatto una perquisizione nello studio e nell'appartamento dell'avvocato senza trovare niente e bisogna quindi pensare che siano nascosti nella vecchia casa in via Lamberti, ormai chiusa. Faremo una lunga perquisizione nella quale lei, che conosce la casa meglio di tutti noi, ci deve aiutare. Romperemo i muri se necessario . . .»

---

colpevolezza, stato di colpa
agire, fare

Il Foletti fu sùbito d'accordo e la perquisizione incominciò verso le dieci di mattina del giorno dopo. Il commissario e due agenti accompagnati da Demetrio Foletti aprirono l'appartamento dei Fumagalli e presero le chiavi del vecchio studio e appartamento Esengrini, incominciando sùbito le ricerche nello studio. Alle dodici e mezzo le operazioni furono interrotte per la colazione. Sciancalepre raccomandò al Foletti di trovarsi sul posto alle quattòrdici in punto e se ne andò con i suoi agenti a mangiare. Il Foletti lasciò i tre in via Lamberti ed entrò in casa sua.

Il commissario con l'agente Pulito corse al cancello del parco, attraversò il giardino e rientrò attraverso la cantina nel vecchio appartamento Esengrini. Sapeva che se il Foletti avesse voluto entrare a nascòndere i gioielli per poi fàrglieli trovare al pomeriggio, non gli sarebbe mancato il mezzo.

Nel *corridoio* dell'appartamento c'erano due *armadi* a muro, uno di fronte all'altro. Sciancalepre entrò in quello di destra e Pulito in quello di sinistra. Per entrare in casa il Foletti doveva passare per forza da quel corridoio.

Era stato alcuni minuti nel buio e stava quasi per aprire un po' l'armadio per avere un po' d'aria quando udì che si apriva la porta. Attese qualche momento, poi si gettò fuori dall'armadio gridando al Pulito:

«Fuori!»

Demetrio Foletti era fermo in mezzo al corridoio.

Sciancalepre gli puntò la rivoltella allo stomaco, mentre Pulito gli passava alle spalle.

«Faccia al muro con le braccia aperte!» gli gridò il commissario. Al suo agente disse: «Guardagli bene nelle *tasche*!»

Pulito incominciò dalle tasche della giacca, gettando per terra quello che vi trovava. Tirò fuori un *sacchetto* di pelle. Sciancalepre gli fece segno di passarglielo. Lo aprì e gli apparvero, mandando fuori piccoli lampi, i gioielli della signora Giulia. Tolse con due dita un anello, e lo allontanò per guardarlo. Quante volte lo aveva visto al dito della signora! Lo lasciò cadere nel sacchetto. Mise in tasca il sacchetto e rivolto al Foletti disse tutto tranquillo:

«Fammi vedere il posto preciso dove l'hai ammazzata.»

Il Foletti si era girato e l'agente lo teneva con le spalle al muro a braccia aperte.

«Lascialo!» disse Sciancalepre al suo agente dopo essersi messo verso la porta del cortile. E rivolto ancora al Foletti, «cammina» gli disse ad alta voce. Il Foletti

---

corridoio, armadio, tasca, sacchetto, vedi illustrazione pag. 85

andò in fondo al corridoio, si girò, giunse le máni e gridò:

«Non è vero, non è vero!»

«Assassino!» gridò Sciancalepre. «Abbiamo trovato la lẹttera dove hai ricalcato la firma dell'avvocato e una lẹttera della signora Giulia al Barsanti che ti accusa. Dove li portavi questi gioielli? Dove li avevi nascosti fin'ora?»

Il Foletti era fuori di sé per la paura.

«Dove l'hai uccisa?» gli gridò Sciancalepre.

Demetrio Foletti era quasi senza coscienza. Sciancalepre e l'agente lo portarono in salotto e gli sedettero a fianco. Quando si sentì meglio, il commissario gli domandò:

«Dunque, raccọntami un po' dove te ne andavi con questo bel sacchetto in tasca?»

«Signor commissario, sono innocente. Non ho ucciso nessuno, l'assassino è lui, l'avvocato. E ora glielo dimostrerò.»

«Il giorno in cui la signora Giulia scomparve» incominciò, «me ne andai dall'ufficio poco dọpo mezzogiorno, appena l'avvocato rientrò dalla pretura. La signora Giulia doveva ẹssere ancora in casa, perché sentii chiụdere una porta nell'appartamento. Mia moglie se n'era andata da mezz'ora. L'avvocato rimase in studio ed io entrai in casa mia. Circa mezz'ora dopo vidi uscire l'avvocato e seppi che era venuto da lei a informarla della scomparsa della signora. Dopo qualche giorno di dubbi fui certo che l'avvocato aveva ucciso la moglie e ne aveva nascosto il cadạvere in casa o in giardino. Cercai a lungo in tutto il parco, e una volta vidi l'avvocato con un cane; mi convinsi che non stava cercando sua moglie che sapeva bene dov'era, ma voleva solo accertarsi che nemmeno i cani ne avrebbero scoperto la tomba. Rimase a lungo col cane sul prato davanti alla rimessa, e mi venne l'idea che proprio là fosse nascosta la signora Giulia. Ricordai che sotto l'erba del prato c'era una cisterna chiusa da una pietra.

Qualche tempo dopo, un giorno che l'avvocato era a Milano, andai a togliere la pietra della cisterna. Guardai dentro con una lanterna elettrica e vidi tutto.»

«E perché non mi hai informato della tua scoperta?»

«Perchè temevo di essere accusato dell'omicidio. La signora, alla quale più di una volta avevo fatto capire di essere un uomo, anch'io, poteva aver raccontato di me al suo amante di Milano. Poteva aver lasciato qualche lettera a un'amica. Pur essendo innocente, avevo interesse a che la signora si credesse scomparsa, fuggita o finita chissà dove. Forse lei non sa che la signora aveva un amante a Milano.»

«Ma guarda! E tu, come lo sai? E tutte queste belle cose come mai non sei venuto a dirmele almeno in questi ultimi giorni, dopo l'arresto dell'avvocato?»

«Ho saputo che la signora aveva un amante perché si faceva scrivere all'indirizzo di casa mia. Ho scoperto la cosa aprendo qualche lettera e poi richiudendola con cura perché la signora non se ne accorgesse. Così sapevo che la signora Giulia si recava al giovedì in viale Premuda. Saputo questo, mi misi in testa che la signora Giulia era una donna *insoddisfatta* e che se le andava bene un Barsanti qualsiasi, potevo avere delle speranze anch'io. Ho ottenuto poco, in verità.»

«Che cosa?»

«Niente d'importante . . . così . . . tanto per tenermi

---

insoddisfatto, non soddisfatto

buono . . . ma ho dovuto capire che il suo amore era il Barsanti: non c'era niente da fare.»

«Veniamo ai gioielli» disse Sciancalepre.

«I gioielli non sapevo che fossero scomparsi. O meglio che l'avvocato, per far credere che sua moglie era fuggita, li avesse fatti scomparire pur senza metterli nelle valigie. Me ne accorsi un anno dopo. Una mattina, entrando nella serra, notai che una pianta era stata rimossa. Fu un caso, perché la pianta era in seconda fila. Misi la mano dentro la terra sotto la pianta e trovai il cofanetto, dove la signora teneva i gioielli. Dentro, in un sacchetto, c'erano i gioielli. Pensai che se l'avvocato li aveva tolti da dove li aveva nascosti prima ci doveva essere un motivo. Le dirò che un giorno, mentre parlavo con la signora Giulia, a cui ancora una volta esprimevo il mio desiderio, mi accorsi che l'avvocato, venuto dallo studio in punta di piedi, doveva aver capito qualche cosa. Non disse nulla, ma da quel momento deve essergli venuta l'idea di accusarmi dell'*assassinio*. Tutti i giornali parlavano di assassinio. Sua figlia non lo guardava più in faccia. Un giorno o l'altro si sarebbe scoperto il cadavere, e l'avvocato che capiva tutto questo, preparava le prove contro di me.»

«Ah, sì? E la lettera al Barsanti non l'hai scritta tu, ricalcando la firma dell'avvocato? Abbiamo la lettera! E anche il documento dal quale hai riportato la firma. Sei spacciato caro Foletti. Ti conviene dire la verità.»

«Quale lettera? Quale firma? Io non ho scritto nessuna lettera.»

«Hai scritto una lettera al Barsanti!»

---

assassinio, omicidio

«Ma perché gli dovevo scrivere?»

«Perché eri preso dalla gelosia. Per fargli paura. E gli hai scritto sulla carta dell'avvocato e con la sua firma, ricalcandola contro il vetro da un altro documento. C'è poco da negare: esistono le prove!»

«Per me, se quanto dice lei è vero, si tratta di una prova contro l'avvocato. Avendo intenzione di uccidere la moglie, preparò delle prove contro di me. Infatti la sua firma poteva ricalcarla anche lui. Poi, il fatto di aver conservato così bene per tre anni tutte queste carte, non le dice nulla?»

«Ma i gioielli, come mai li hai in tasca tu?»

«Ci stavo arrivando, signor commissario. Quando trovai i gioielli sotto la pianta, capii che ce li aveva messi ad arte. Infatti solo io potevo nasconderli in quel posto. Non ero io il giardiniere? Li portai via e li nascosi in un altro posto.»

«Dove?»

«Sopra un albero. Solo tagliando quell'albero, che ha duecento anni e che vivrà ancora per altri cento, si sarebbero potuti scoprire i gioielli. Ma l'avvocato si accorse che li avevo presi. Alcuni mesi dopo venne a controllare e non trovò più il cofanetto. Allora capì che io avevo capito; e immaginando che avevo solo cambiato posto ai gioielli, incominciò a cercarli con pazienza. Tutti i giorni trovavo qualche segno delle sue ricerche notturne. Aveva voglia di cercare per terra! I gioielli erano in aria. Mi sentivo abbastanza tranquillo: la giustizia pareva aver messo in archivio la pratica. Gli anni passavano. Finché la signorina Emilia si sposò e l'avvocato cambiò casa. Temendo che io avessi nascosto male i gioielli e che l'ingegner Fumagalli li trovasse un giorno o l'altro, ricominciò le sue ricerche nelle notti di luna.

Fu così che l'ingegnere e la signora se ne accorsero e si tentò di afferrare l'ombra notturna. Ma l'avvocato non se lo aspettava, e quella notte in cui vide il genero che andava per il parco, pensando che fosse solo, tentò di ammazzarlo. Se gli fosse andato bene il colpo, chi avrebbero accusato? Non certo lui. Qualche ladro o magari proprio me. Comunque, il lavoro della rimessa sarebbe stato interrotto e la tomba della signora Giulia non sarebbe venuta alla luce. La signora Emilia se ne sarebbe andata di certo da questa casa, nella quale erano stati uccisi sua madre e suo marito. Tutto tornava nell'ombra e certo per sempre.»

Sciancalepre era stupefatto. La *versione* del Foletti non era peggiore di quella dell'avvocato. Ad ogni buon conto, pensando che avrebbe potuto accusare il Foletti almeno di aver rubato i gioielli, gli domandò:

«E dove li andavi a portare i gioielli?»

«Ero salito ieri sull'albero a prenderli, quando lei mi aveva parlato della perquisizione. Volevo andarli a nascondere nel salotto, dove lei li avrebbe trovati, perché glieli avrei fatti trovare io. Avrebbero costituito una prova decisiva contro l'avvocato. Sicuro com'ero che l'avvocato avesse commesso l'assassinio, mi pareva di aiutare la giustizia nel ricostruire le prove contro di lui.»

Sciancalepre non sapeva cosa fare, ma ad ogni buon conto arrestò il Foletti e se lo portò in camera di sicurezza. Telefonò poi al giudice istruttore che venne subito a M. per leggere la *deposizione* del Foletti.

Il giorno dopo ne informò l'avvocato Esengrini che disse:

---

versione, modo di raccontare un fatto
deposizione, ciò che viene dichiarato davanti alle autorità

«Molto interessante. Solo che può essere precisamente il contrario. Il Foletti ammette di aver avuto una passione per mia moglie: dunque ecco il motivo dell'assassinio. Gli è facile dire oggi che la lettera l'avevo scritta io per creare una prova contro di lui. Bisognava che io sapessi della sua passione per mia moglie, almeno! E che io lo sapessi non è stato dimostrato, anche se lui lo dice.»

«Ma allora» gli disse il giudice «lei ammette che sua moglie è stata uccisa in casa sua, che il cadavere è stato nascosto nella cisterna e che i segni della fuga sono stati *simulati*?»

«Ne sono certo. E non vedo chi altri, all'infuori di Demetrio Foletti, possa essere accusato di tali fatti.»

Rivolte le stesse domande al Foletti, il giudice ottenne solo le stesse risposte e, naturalmente, la contro-accusa per quanto riguardava l'avvocato. Allora il giudice fece incontrare i due accusati.

Lette ad alta voce tutte le deposizioni dell'Esengrini, il giudice concluse: «Dunque lei indica come assassino di sua moglie il qui presente Foletti Demetrio.»

«Foletti Demetrio è l'assassino di mia moglie» disse l'avvocato.

Lette quindi le deposizioni del Foletti e domandatogli chi fosse l'assassino, rispose, indicando l'avvocato:

«Il signor avvocato.»

«Quante volte» disse l'avvocato al Foletti «hai firmato le mie lettere col sistema del *ricalco*?»

«Tante volte, signor avvocato. Ma non sotto la lettera al Barsanti che non ho mai battuto a macchina.»

---

simulare, mostrare le cose diverse da come sono
ricalco, l'operazione del ricalcare

«E allora, avrei ricalcato io la mia firma?»

«Certo, signor avvocato, chi altro? Solo lei aveva interesse a creare un documento col quale potermi accusare.»

«Bravo. Ma spiegami un po': una volta mandata questa lettera al Barsanti, come potevo sperare di riaverla e di poterla conservare come prova contro di te? Questa lettera è tornata a me per puro caso! Fu trovata anni dopo a Milano dentro un mobile venduto all'asta.»

«Sarà. Ma può anche darsi che lei si fosse aspettato nel Barsanti una maggiore cura nel conservare le lettere che riceveva. E poiché il Barsanti un giorno o l'altro sarebbe stato trovato, lui avrebbe tirato fuori la lettera e lei avrebbe detto che l'avevo scritta io, e poi firmata col sistema del ricalco. Ciò che in verità aveva fatto lei, servendosi di un documento che in quel giorno era sulla sua scrivania.»

«Molto interessante» disse l'avvocato. «Non c'è che dire. Però è altrettanto possibile che le cose siano avvenute come dico io.»

Il giudice decise di far giudicare tutt'e due dalla *corte d'assise* sotto l'accusa di *concorso in omicidio* e tentato omicidio, pur sapendo che sarebbero stati *assolti* per *insufficenza* di prove.

Il giudice istruttore e il dottor Sciancalepre erano in

---

corte d'assise, corte in cui vengono giudicati i delitti più gravi
concorso in omicidio, si dice quando più persone partecipano ad un omicidio
assolvere, riconoscere che la colpa non esiste o non è dimostrata
insufficenza, il non essere sufficente

città, il giorno del processo, per un altro interrogatorio. Finito questo, passarono per il corridoio della Direzione proprio mentre l'avvocato Esengrini e Demetrio Foletti ne uscivano, accompagnati da una guardia.

«Escono» disse il giudice toccando il braccio a Sciancálepre. «Tornano a casa.»

Il giudice e Sciancalepre uscirono dietro di loro, studiando il passo per non raggiungerli.

L'avvocato e Demetrio presero a sinistra, lungo il muro del carcere, in direzione del centro della città. Il magistrato e il commissario li seguirono con lo sguardo mentre camminavano uno di fianco all'altro. Parlavano, senza dubbio, ma senza guardarsi.

«Darei dieci anni di vita» disse Sciancalepre «per sentire le parole che si stanno dicendo.»

Arrivati dove finiva il muro del carcere, l'Esengrini e Demetrio si arrestarono un momento. Poi si diressero, sempre con lo stesso passo, l'uno verso destra e l'altro verso sinistra.

Domande

1. Qual è il piano dell'Esengrini per afferrare l'assassino?

2. Com'è la versione data dal Foletti al commissario?

3. Come risponde l'avvocato all'accusa del Foletti?

4. Come vengono giudicati dalla corte d'assise?

www.easyreaders.eu

EASY READERS *Danimarca*

ERNST KLETT SPRACHEN *Germania*

ARCOBALENO *Spagna*

LIBER *Svezia*

PRACTICUM EDUCATIEF BV. *Olanda*

EMC CORP. *Stati Uniti*

EUROPEAN SCHOOLBOOKS PUBLISHING LTD. *Inghilterra*

ITALIA SHOBO *Giappone*

ALLECTO LTD *Estonia*

Opere della letteratura italiana ridotte e semplificate
ad uso degli studenti.
Le strutture e i vocaboli di questa edizione sono tra i più
comuni della lingua italiana.
I vocaboli meno usuali o di più difficile comprensione
vengono spiegati per mezzo di disegni o note.
L'elenco delle opere già pubblicate è stampato all'interno
della copertina.
C'è sempre un EASY READER a Vostra disposizione per una
lettura piacevole e istruttiva.
Gli EASY READERS si trovano anche in tedesco, francese,
inglese, spagnolo e russo.